四年生で習った漢字 (一)

★新しく使う五年の教科書でふく…

➡ 正しい答えが書けたら、□に✓を付けましょう。

❶ ——線の言葉を、漢字を使って書きましょう。

- □ ① あんないずを見る。　（　　　）
- □ ② 本をぶんるいする。　（　　　）
- □ ③ たなをはいちする。　（　　　）
- □ ④ 野口英世(のぐちひでよ)のでんき。　（　　　）
- □ ⑤ 役所のようぼう。　（　　　）
- □ ⑥ 四百字いない　（　　　）
- □ ⑦ じゅんばんを待つ。　（　　　）
- □ ⑧ じじょうを読む。　（　　　）
- □ ⑨ 百科じてんで調べる。　（　　　）
- □ ⑩ 国語のじしょ。　（　　　）
- □ ⑪ きせつがうつる。　（　　　）
- □ ⑫ さいしんの情報(じょうほう)。　（　　　）
- □ ⑬ 図書館のししょ。　（　　　）

- □ ① せんそうが終わる。　（　　　）
- □ ② えいごを学ぶ。　（　　　）
- □ ③ べんりな道具。　（　　　）
- □ ④ えんぴつをかりる。　（　　　）
- □ ⑤ しずかな森の中。　（　　　）
- □ ⑥ はじめて、会に出る。　（　　　）
- □ ⑦ 音楽会にさんかする。　（　　　）
- □ ⑧ 美しいしぜん。　（　　　）
- □ ⑨ 山にねっちゅうする。　（　　　）
- □ ⑩ 運動をつづける。　（　　　）
- □ ⑪ けいけんを重ねる。　（　　　）
- □ ⑫ くろうが多い。　（　　　）
- □ ⑬ しんねんを曲げない。　（　　　）

③ ——線の言葉を、漢字を使って書きましょう。

- ☐① りょうこうな関係。 　　（　　　　　）
- ☐② ぶじに帰る。 　　（　　　　　）
- ☐③ はたを立てる。 　　（　　　　　）
- ☐④ どりょくが実る。 　　（　　　　　）
- ☐⑤ しゅくがいを開く。 　　（　　　　　）
- ☐⑥ ひっしになる。 　　（　　　　　）
- ☐⑦ チームのなかま。 　　（　　　　　）
- ☐⑧ いばらの道。 　　（　　　　　）
- ☐⑨ ふくだいちょう 　　（　　　　　）
- ☐⑩ 負けてざんねんだ。 　　（　　　　　）
- ☐⑪ しめいを書く。 　　（　　　　　）
- ☐⑫ ひがんがなう。 　　（　　　　　）
- ☐⑬ そつぎょうする。 　　（　　　　　）
- ☐⑭ 会社ではたらく。 　　（　　　　　）
- ☐⑮ 都道ふ県 　　（　　　　　）
- ☐⑯ 温度のくんか。 　　（　　　　　）

④ ——線の言葉を、漢字を使って書きましょう。

- ☐① 器具をにてこうする。 　　（　　　　　）
- ☐② 油をかねつする。 　　（　　　　　）
- ☐③ しけんかんで実験する。 　　（　　　　　）
- ☐④ きゅうしょくの時間。 　　（　　　　　）
- ☐⑤ たねをまく。 　　（　　　　　）
- ☐⑥ こうれいをかける。 　　（　　　　　）
- ☐⑦ 庭をこしゅうする。 　　（　　　　　）
- ☐⑧ きょうきょうがっかん。 　　（　　　　　）
- ☐⑨ 新しいほうほう。 　　（　　　　　）
- ☐⑩ れいだいを解く。 　　（　　　　　）
- ☐⑪ 三角形のていくん。 　　（　　　　　）
- ☐⑫ かもつを運ぶ。 　　（　　　　　）
- ☐⑬ 学校のがっしょう大会。 　　（　　　　　）
- ☐⑭ 単語をおぼえる。 　　（　　　　　）
- ☐⑮ 肉をやく。 　　（　　　　　）
- ☐⑯ 植物のかんさつ。 　　（　　　　　）

➡ 正しい答えが書けたら、□に✓を付けましょう。

1 ──線の言葉を、漢字を使って書きましょう。

□① みやぎ県に行く。　（　　　）

□② ぐんま県の山。　（　　　）

□③ さいたま県に住む。　（　　　）

□④ かながわ県出身の人。　（　　　）

□⑤ にいがた県産の米。　（　　　）

□⑥ ぎふ県を旅する。　（　　　）

□⑦ しが県の湖。　（　　　）

□⑧ なら県の寺。　（　　　）

□⑨ とくしま県の産業。　（　　　）

□⑩ えひめ県産のみかん。　（　　　）

□⑪ おかやま県の位置。　（　　　）

□⑫ ながさき県の形。　（　　　）

□⑬ おきなわ県の海。　（　　　）

2 ──線の言葉を、漢字を使って書きましょう。

□① とちぎ県の市町村。　（　　　）

□② とやま県知事。　（　　　）

□③ やまなし県の川。　（　　　）

□④ ふくい県の大学。　（　　　）

□⑤ くまもと県の観光地。　（　　　）

□⑥ かごしま県の人口。　（　　　）

□⑦ がいとうの光。　（　　　）

□⑧ 道のりょうがわ。　（　　　）

□⑨ もくてきちに着く。　（　　　）

□⑩ ぼくじょうの牛。　（　　　）

□⑪ あさつうプール。　（　　　）

□⑫ ふるいたてもの。　（　　　）

□⑬ 赤レンガのそうこ。　（　　　）

③ ──線の言葉を、漢字を使って書きましょう。

□① 本をこんやくする。 （　　　）

□② 県立はくぶつかん （　　　）

□③ りくじょうの大会。 （　　　）

□④ 市立きゅう技場 （　　　）

□⑤ 駅前のひゃっかてん。 （　　　）

□⑥ 信号をうせつする。 （　　　）

□⑦ からだつを出る。 （　　　）

□⑧ とほで十五分。 （　　　）

□⑨ せつりゅうをわたる。 （　　　）

□⑩ しんせんなやさい。 （　　　）

□⑪ ひくいビルがならぶ。 （　　　）

□⑫ まつの林。 （　　　）

□⑬ 海岸のふきん。 （　　　）

□⑭ 国会ぎいん （　　　）

□⑮ 町のみらいを考える。 （　　　）

□⑯ 文部科学だいじん （　　　）

④ ──線の言葉を、漢字を使って書きましょう。

□① 大事なせつもう。 （　　　）

□② けんびきょうを見る。 （　　　）

□③ しょうめいをつける。 （　　　）

□④ こうかいが発生する。 （　　　）

□⑤ これからのかだい。 （　　　）

□⑥ 工場のきかい。 （　　　）

□⑦ 小説がかんせいする。 （　　　）

□⑧ 体のきかん。 （　　　）

□⑨ ろうじんをうやまう。 （　　　）

□⑩ シャワーをあびる。 （　　　）

□⑪ 花がまんかいになる。 （　　　）

□⑫ ひこうきに乗る。 （　　　）

□⑬ あくやは雨だった。 （　　　）

□⑭ きょうりょくする。 （　　　）

□⑮ 病気をなおす。 （　　　）

□⑯ かんしんをもつ。 （　　　）

◎ かんがえるのって おもしろい／銀色の裏地／図書館を使いこなそう

1 次の──線の漢字の読み仮名を書きましょう。　24点(1つ2)

（　）① 想像　（　）② 経験　（　）③ 心情　（　）④ 印象

（　）⑤ 絶対　（　）⑥ 厚い　（　）⑦ 賞状　（　）⑧ 喜ぶ

（　）⑨ 理解　（　）⑩ 内容　（　）⑪ 技術　（　）⑫ 複数

◎ かんがえるのって おもしろい

2 次の詩を読んで、問題に答えましょう。

教科書 20〜21ページ

かんがえるのって おもしろい
谷川俊太郎

かんがえるのって おもしろい
どこかとおく いくみたい
しらないけしきが みえてきて
そらのあおさが ふかくなる
このおかのうえ このもりでは
みらいにむかって とんでいる

なかよくするって ふしぎだね
けんかするのも いいみたい
しらないきもちが かくれてて
まえよりもっと すきになる
このおかのうえ このがっこうは
みんなのちからで そだってく

(1) 「かんがえるのって おもしろい」とありますが、「かんがえる」ことを何にたとえていますか。　7点

（　　　　　　　）

(2) 「けんかするのも いいみたい」とありますが、それはなぜですか。　15点

（　　　　　　　）

(3) 「がっこう」が「みんなのちからで そだってく」とは、そこで何がそだっていくということですか。次から一つ選んで、〇を付けましょう。　8点

ア（　）友情
イ（　）学力
ウ（　）体力

3 次の文章を読んで、問題に答えましょう。

📖 ⊗28ページ9行〜29ページ5行

高橋さんは一度も同じクラスになったことはないけれど、高橋さんが去年、作文コンクールで賞を取ったことは、理緒も知っていた。全校朝会のとき、校長先生から賞状を受け取っていたからだ。そのときの高橋さんは、「へとすまして、こんなことどうっていうことはないのよ」と言いたげに見えた。そんなううに見えたのは、理緒が文章を書くのが苦手だからかもしれない。

理緒は、高橋さんをちらりと見た。まっすぐ前を見て、背すじをぴっとのばしてすわっているすがたは、まぎれもなく、あのときの高橋さんだ。

なんだか話しかけにくい──。

理緒は右を向いて、教科書をわすれたから見せて、と心の中でからによびかけた。それからすぐに、見せられるわけないでしょ、と自分で自分につっこみを入れた。

（石井睦美「銀色の裏地」より）

(1) 「こんなことどうっていうことはないのよ」と言いたげに見えた」とありますが、理緒がそう感じたのは、なぜだと考えられますか。「理緒は」に続く形で答えましょう。　13点

理緒は

（　　　　　　　　　　　　）

(2) 「あのとき」とありますが、何のときですか。文章中から四字でぬき出しましょう。　8点

(3) 「心の中でからによびかけた」とありますが、理緒は、なぜ高橋さんに話しかけないのですか。　10点

（　　　　　　　　　　　　）

◎ 図書館を使いこなそう

4 次のことについて図書館で調べるとき、「日本十進分類法」のどの種類から本をさがせばよいですか。後の ▭ から選んで、番号を書きましょう。　15点(1つ5)

① ヨーロッパの絵画　（　　　）

② 英語　（　　　）

③ 自分の住んでいる町　（　　　）

０	調べるための本	１ もの考え方や心についての本
２	昔のことや地域の本	３ 社会の仕組みの本
４	自然に関わる本	５ 技術や機械の本
６	いろいろな産業の本	７ 芸術やスポーツの本
８	言葉の本	９ 文学の本

ヒント ❸(1) 次の文に「そんなううに見えたのは」と続いているよ。

きほんのドリル ↑4.

銀色の裏地 (2)

時間 15分
合格 80点 ／100
答え 84ページ
サクッとこたえあわせ

月　日

① 次の――線の言葉の意味をそれぞれ選んで、〇をつけましょう。　16点(1つ4)

① わからないことは承知だ。
ア（　）ゆうかいにわかっていること。
イ（　）じゅうぶんにわかっていること。
ウ（　）ほとんどわからないこと。

② 母の言葉に周りの人もうなずく。
ア（　）相手の言葉にちがうと打ちけしている。
イ（　）相手の話を聞きながらちがうと言いたげだ。
ウ（　）相手の話を聞きながら、そのとおりだとみとめている。

③ チームの話し合いがもり上がる。
ア（　）相手の話を聞かないようにしている。
イ（　）相手の話を聞くためにしずかにしている。
ウ（　）みんなが言いたいことを言っていきおいがある。

④ 絶対に勝つと意気ごむ。
ア（　）自分にはむりだと気弱になっている。
イ（　）集中するあまりひとりごとを言う。
ウ（　）息を止めて気もちを落ち着ける。

「気配」が 読めるかな？

② 次の上の言葉に合うものを下から選んで、――線でつなぎましょう。ただし、一度使ったものは二度選んではいけません。　16点(1つ4)

① 不満を・　　　・いだく。
② 言葉を・　　　・にごす。
③ くふうを・　　・こらす。
④ とんと・　　　・ごぶさた。

③ 次の表現を使って、短い文を作りましょう。　10点

・絶対

・好き

4 次の文章を読んで、問題に答えましょう。

33ページ4行～34ページ10行

見えるのは、朝と同じくもり空だ。なのに、絶好の天気って、どういうことだろう。

不思議に思いながらブルーベークに着くと、高橋さんはもう着いていて、入り口で理緒を待っていた。

「いってらっしゃい。」

高橋さんは、ずんずんしばふの中へ入っていく。理緒がついていくと、高橋さんはためらいもなく横になった。

「坂本さんもやってみて。」

「う、うん。」

わけが分からないまま理緒が横になると、高橋さんがぼそりと何かをつぶやいたのが聞こえた。

「なんて言ったの。」

「銀色の裏地。」

今度は聞き取れた。でも、銀色の裏地って、なに。

理緒の疑問に答えるように、高橋さんは空を見上げたまま、こう続けた。

「全ての雲には銀色の裏地がある。これ、外国のことわざなんだけどね。」

「へえ。そうなんだ。」

「うん。くもっていても、雲の上には太陽があるから、雲の裏側は銀色にかがやいている。だから、銀色の裏地をさがそう。そういう歌があるんだって、おじいちゃんが教えてくれた。くもった一じゃない、どんなことがあっても、いいことはちゃんとあるんだって。」

最後のほうを早口で、高橋さんは言った。

〈石井睦美「銀色の裏地」より〉

(1) 「絶好の天気」とありますが、なぜくもり空が絶好の天気なのですか。次から一つ選んで、○を付けましょう。
12点

ア（　）雨がふっていないので外に出ていられるから。

イ（　）ブルーベークがすいていて自由に行動できるから。

ウ（　）横になって銀色の裏地をさがすことができるから。

(2) 「全ての雲には銀色の裏地がある。」とはどういうことですが、次の（　）に当てはまる言葉をぬき出しましょう。
20点(1つ10)

雲の上には（　　　　　）があるから、雲の裏側は（　　　　　）にかがやいているということ。

(3) 高橋さんは理緒に何を伝えたかったのですが、文章中の言葉を使って書きましょう。
16点

（　　　　　　　　　　）

(4) 高橋さんが「早口で」言ったのはなぜですが、次から一つ選んで、○を付けましょう。
10点

ア（　）言うのがはずかしいから。

イ（　）言うことに自信がないから。

ウ（　）理緒におこっているから。

漢字の成り立ち
季節の言葉１　春の空

時間15分　合格80点　/100

サクッとこたえあわせ

答え84ページ

月　日

◎漢字の成り立ち

１ 次の――線の漢字の読み仮名を書きましょう。　16点(１つ2)

①　構図　（　　　）
②　桜　（　　　）
③　修復　（　　　）
④　眼科　（　　　）
⑤　停車　（　　　）
⑥　祖父母　（　　　）
⑦　準備　（　　　）
⑧　貿易　（　　　）

２ 漢字の成り立ちは、次の四つに分類できます。それぞれの成り立ちによってできた漢字を後の　　　から一つずつ選んで、書きましょう。　24点(１つ3)

①　目に見える物の形を、具体的にえがいたもの。　□・□

②　目に見えない事がらを、印や記号を使って表したもの。　□・□

③　漢字の意味を組み合わせたもの。　□・□

④　音を表す部分と、意味を表す部分を組み合わせたもの。　□・□

想　田　三　鳴　山　下　明　銅

◎季節の言葉１　春の空

３ 次の言葉の意味を後の　　　から選んで、記号を書きましょう。　12点(１つ3)

①　花ぐもり　（　　　）
②　花冷え　（　　　）
③　風光る　（　　　）
④　春風　（　　　）

ア　春にふく、あたたかく、おだやかな風のこと。
イ　桜のさくころ、急にきびしい寒さがもどり、冷えこむこと。
ウ　桜のさくころ、空がくもってくること。
エ　春の日光の中を、そよ風がふきわたること。

教科書　42〜45ページ

→95のページに続くよ！

◉漢字の成り立ち

4 次の漢字の組み合わせの中には、一つだけ漢字の成り立ちがちがうものがふくまれています。その漢字を書きましょう。また、その漢字の成り立ちを後の□□から選んで、記号を書きましょう。

36点(完答1つ6)

① 馬・上・手　　漢字 [　　]

　　　　漢字の成り立ち（　　）

② 三・火・天　　漢字 [　　]

　　　　漢字の成り立ち（　　）

③ 信・草・板　　漢字 [　　]

　　　　漢字の成り立ち（　　）

ア　目に見える物の形を、具体的にえがいたもの。

イ　目に見えない事がらを、印や記号を使って表したもの。

ウ　漢字の意味を組み合わせたもの。

エ　音を表す部分と、意味を表す部分を組み合わせたもの。

分からなかったら、漢字辞典で調べてみよう。

◉季節の言葉1　春の空

5 次の文章を読んで、問題に答えましょう。

教 44ページ10行〜14行

春はあけぼの。やうやう白くなりゆく山ぎは、すこしあかりて、紫だちたる雲のほそくたなびきたる。
（清少納言「枕草子」より）

春は明け方がよい。だんだん白くなっていく山に近いところの空が少し明るくなって、紫がかった雲が細くたなびいているのがよい。

(1) この文章は何について書かれていますか。次から一つ選んで、○を付けましょう。

ア（　）山くの思い　　イ（　）空くの思い　　ウ（　）春についての思い　　6点

(2) 作者は、明け方のどの場所がよいと言っていますか。現代語の文章から九字の言葉をぬき出しましょう。　6点

[　　　　　　　　　　]

ヒント　5(1) どの季節について書いているかな。

きほんのドリル 9

きいて、きいて、きいてみよう

時間 15分　合格80点　／100

答え 84ページ

月　日

1 次の——線の漢字の読み仮名を書きましょう。　10点(1つ2)

① 質問（　　　）
② 報告（　　　）
③ 所属（　　　）
④ 確かめる（　　　）
⑤ 意識（　　　）

2 次は、インタビューをするときに、きき手と話し手と記録者が注意することをまとめたものです。□に合う言葉を後の□□から選んで、記号を書きましょう。　28点(1つ4)

○きき手——インタビューをする人
・インタビューをする前に、①□をはっきりさせておく。
・話の流れにそって、質問の②□を変えたり、③□をしたりする。

○話し手——インタビューに答える人
・きき手が知りたいことは何かを考え、その④□を最初に伝える。
・答えにくい質問は、質問の⑤□をきいたり、質問のしかたを変えてもらったりする。

○記録者——やり取りを記録する人
・きき手と話し手のやり取りを正確に聞き、⑥□をメモに取る。
・⑦□は、後で確かめる。

```
ア 新たに生まれた質問　イ 要点　ウ 答え
エ 最もききたいこと　オ 意図
カ 順番　キ 聞き取れなかったこと
```

❸ 次は、塩谷さんのグループの山下さんに対するインタビューです。問題に答えましょう。

〔出〕48ページ上8行〜49ページ上7行

塩谷　自己しょうかいで、野球チームに所属していると話していましたね。野球を始めたのは、いつですか。

山下　一年生になってすぐです。父と見学に行ったら楽しそうだったので、チームに入ることにしました。

塩谷　もう四年も続けているのですね。長く続けていると、楽しいことばかりでなく、つらいこともあると思いますが、どうですか。

……

塩谷　つらいと思うことがあっても続けられるのは、どうしてですか。

山下　野球が好きで、うまくなりたいからです。

塩谷　山下さんにとって、野球とは何ですか。

山下　うーん、むずかしいですね。どう答えればいいでしょうか。

塩谷　すみません。では、質問を変えます。野球がうまくなりたいと思うようになった出来事があれば、教えてください。

山下　そうですね――。三年生のときに、地域の大きな野球教室に参加しました。そこに来ていたプロ野球の選手に、「これからもがんばってね」と声をかけてもらったのです。それからその選手のことが好きになっていっしょにプレーができるように、もっとうまくなりたいと思うようになりました。

〈「もっと、もっと、もっとみよう」より〉

(1) 話し手はだれですか。 10点

（　　　　　　　　　　）

(2) 「一年生になってすぐです。」とありますが、この部分について言えることを次から一つ選んで、○を付けましょう。 12点

ア（　　）話し手が言いたいと思うことを最初に言っている。

イ（　　）聞き手が知りたいと思うことを最初に答えている。

ウ（　　）聞き手が新たな質問をしようとしている。

(3) 後半の話題の中心は何ですか。文章中からぬき出しましょう。 10点

野球が | 　 | 　 | 　 | なりたい

と思うようになった出来事。

(4) 話し手が答えにくいと感じた時、聞き手はどうしましたか。 16点

（　　　　　　　　　　）

(5) 記録者の注意することをまとめました。（　）に合う言葉を後の□から選んで書きましょう。 14点(1つ7)

やり取りを（　　　　　）に聞き、

（　　　　　）をメモに書きとめる。

> 大まか　正確　要点　天候

◎銀色の裏地／漢字の成り立ち

1 次の□に合う漢字を書きましょう。　18点(1つ2)

① 人の[いんしょう]。

② [あつ]い雲。

③ [しょうじょう]をもらう。

④ 幸運を[よろこ]ぶ。

⑤ [どう]メダル。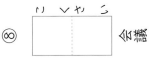

⑥ 紙が[やぶ]れる。

⑦ [ぼうえき]を行う。

⑧ [こくさい]会議。

⑨ [せいけつ]な衣服。

◎漢字の成り立ち

2 次の――線の漢字の成り立ちを後の[　]から選んで、記号を書きましょう。　24点(1つ3)

① 川辺（　）　② 年末（　）　③ 林道（　）　④ 管理（　）

⑤ 味覚（　）　⑥ 信用（　）　⑦ 大臣（　）　⑧ 中心（　）

> ア　目に見える物の形を、具体的にえがいたもの。
> イ　目に見えない事がらを、印や記号を使って表したもの。
> ウ　漢字の意味を組み合わせたもの。
> エ　音を表す部分と、意味を表す部分を組み合わせたもの。

3 漢字の成り立ちで最も多いのは、音を表す部分と、意味を表す部分を組み合わせてできた字です。そのようにしてできた次の漢字を、例にならって、音を表す部分と意味を表す部分に分けて書きましょう。　16点(完答1つ4)

例　晴…音（ 青 ）意味（ 日 ）

① 球…音（　）意味（　）　② 板…音（　）意味（　）

③ 館…音（　）意味（　）　④ 持…音（　）意味（　）

4 次の文章を読んで、問題に答えましょう。

教 30ページ3行～31ページ13行

高橋さんは、給食をおいしそうに食べ、楽しそうにおしゃべりをした。全然つんつんしていない。それどころか、おもしろい人のようだ。その発見を、理緒はなぜかすなおに喜べなくて、喜べない自分にもやもやした。

そのときだった。

「なんて顔してんの。」

と、上田君が話しかけてきたのだ。

上田君は家が近所で、小さいころからずっといっしょに遊んできた。そのせいか、言いにくいこともずばりと言ってくる。

「なんて顔って、なに。」

「おこっているような、こまっているような、そんな顔。」

「しいたけが入ってたから。」

苦しまぎれに理緒は答えた。でも、しいたけが入っていたのは本当だから、全くのうそというわけでもない。すると、

「しいたけ、わたしも苦手。だから、食べるときに、これはまだ食べたことのない世界一おいしいものだって想像して食べることにしてる。」

と高橋さんは言って、中華スープの中からしいたけを取り出すと、目をつぶり、ほんのちょっと間をおいてから口に運んだ。

「くえー。今度もういうなものが出たら、やってみよう。」

と、上野君が言うと、

「うん、やってみて。」

と、高橋さんは何度もうなずきながら答えた。

〈石井睦美「銀色の裏地」より〉

---

(1) 「その発見」とありますが、理緒はどんな発見をしたのですか。次から一つ選んで、○を付けましょう。 12点

ア（　）高橋さんはおもしろいが、すなおではない人だということ。

イ（　）高橋さんはつんつんしていない、おもしろい人だということ。

ウ（　）高橋さんは給食を食べるときにおしゃべりしない人だということ。

(2) 「なんて顔してんの。」とありますが、理緒はどんな顔をしていたのですか。次の□に当てはまる言葉を文章中からぬき出しましょう。 14点(1つ7)

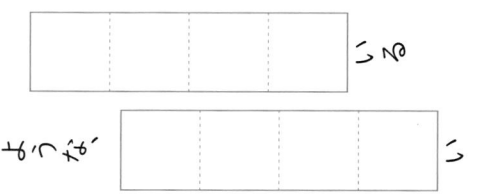

　　　　　　　　　いる
ような、
　　　　　　　　　いる
ような顔。

(3) 「目をつぶり、ほんのちょっと間をおいてから口に運んだ」とありますが、高橋さんはどうしてこのような行動を取ったのですか。文章中の言葉を使って考えて書きましょう。 16点

（　　　　　　　　　　　　　　　）

きほんのドリル 8

[練習] 見立てる ⑴
言葉の意味が分かること ⑴

時間15分　合格80点　／100
サクッとこたえあわせ
答え 85ページ
月　日

◎[練習] 見立てる／言葉の意味が分かること

1 次の──線の漢字の読み仮名を書きましょう。　　18点(1つ2)

① 原因（　　　　）
② 西部（　　　　）
③ 丸太（　　　　）
④ 造る（　　　　）
⑤ 似る（　　　　）
⑥ 限る（　　　　）
⑦ 留学生（　　　　）
⑧ 表現（　　　　）
⑨ 直接（　　　　）

2 次の──線の言葉の意味をそれぞれ選んで、○を付けましょう。　　20点(1つ4)

① うちゅう人は実在する。
　ア（　）実際にはない。
　イ（　）実際にあったり、いたりする。
　ウ（　）あるともないとも言える。

② 自然が人を育む。
　ア（　）あまやかす。
　イ（　）大人になる。
　ウ（　）成長させる。

③ 言葉の意味のはんい。
　ア（　）人々が守るべき決まり。
　イ（　）決められていない広がり。
　ウ（　）決められている広がり。

④ 知らず知らずのうちに言葉を使い分ける。
　ア（　）その間ずっと。
　イ（　）いつの間にか。
　ウ（　）いずれそのうち。

⑤ 言葉を見直すきっかけになる。
　ア（　）何かを始める手がかり。
　イ（　）物事が終わった印。
　ウ（　）何かをしようという決意。

「知らず知らず」は、「自分でもそっと分からず」ということですよ。

教科書 51〜62ページ

↓うらのページに続くよ→

3 次の文章を読んで、問題に答えましょう。

[本]🔖54ページ10行〜56ページ1行

あなたが、小さな子どもに「コップ」の意味を教えるとしたら、どうしますか。言葉でくわしく説明しても、子どもはその説明に出てくる言葉を知らないかもしれません。「実物を見せればいい。」と思う人もいるでしょう。しかし、コップには、色や形、大きさなど、さまざまなものがあります。持ち手の付いた小さい赤いコップと、持ち手のない大きなガラスのコップ、どちらをコップとして見せればよいでしょうか。また、コップのような形をしていても、花びんとして作られたものがあるかもしれません。スープを入れる皿にも、コップに似たものがありそうです。そう考えると、使い方も理解してもらわなければなりません。

ここから分かるように、「コップ」という一つの言葉が指すものの中にも、色や形、大きさ、使い方など、さまざまな特徴をもったものがふくまれます。つまり、「コップ」の意味には広がりがあるのです。また、その広がりは、「皿」「わん」「湯のみ」「グラス」「カップ」といった他の食器や、「花びん」のような他の似たものを指す言葉との関係で決まってくるのです。

〈今井 むつみ「言葉の意味が分かること」より〉

段落ごとに何が書かれているかを読み取ろう。

(1) 「小さな子どもに『コップ』の意味を教える」とき、言葉で説明するのがむずかしいのはなぜですか。17点

（　　　　　　　）

(2) 「『実物を見せればいい。』と思う人」に対して、筆者はどのように述べていますか。次の□に当てはまる言葉を文章中からぬき出しましょう。14点

コップには、

もの

がある。

(3) 「花びん」「スープを入れる皿」は、どのようなものの例として用いられていますか。15点

（　　　　　　　）

(4) 一つ目の段落と二つ目の段落は、上の文章の中で、それぞれどういう役わりをもっていますか。後の□□□から選んで、記号を書きましょう。

16点(1つ8)

・一つ目の段落　（　　　）

・二つ目の段落　（　　　）

ア　話題について説明する
イ　分からない点を整理する
ウ　分かったことを述べる

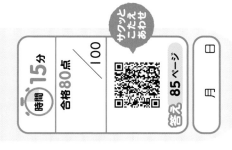

きほんドリル 9

[練習] 見立てる (2)
言葉の意味が分かること (2)
原因と結果

時間 15分　合格80点　　/100
答え 85ページ

月　日

◎原因と結果

❶ 次の――線は、原因と結果のどちらですか。原因ならア、結果ならイを書きましょう。

16点(一つ4)

① 努力することによって、兄は一位を勝ち取った。　　　（　　　）
② 相手にあやまることによって、仲直りができた。　　　（　　　）
③ 学校を休んだ。それは、病気になったからだ。　　　（　　　）
④ 弟が泣いた。なぜなら、ぼくとけんかしたからだ。　　　（　　　）

◎[練習] 見立てる

❷ 次の文章を読んで、問題に答えましょう。

📖 教52ページ1行〜9行

　わたしたちは、知らず知らずのうちに「見立てる」という行為をしている。ここでいう「見立てる」とは、あるものを別のものとして見るということである。たがいに関係のない二つを結び付けるとき、そこには想像力が働いている。
　あや取りを例に考えてみよう。あや取りでは、一本のひもを輪にして結び、手や指にかける。それを一人で、時には二、三人で取ったりからめたりして形を作る。そしてひもが作り出した形に名前がつけられる。これが見立てるということだ。あや取りで作った形と、その名前でよばれている実在するものとが結び付けられたのである。

〈野口廣「見立てる」より〉

(1)　「見立てる」とは、ここではどういうことですか。
10点

（　　　　　　　　　　　）

(2)　たがいに関係のないものを結び付けているものは、何ですか。
5点

□□□□

(3)　あや取りの例では、「見立てる」とはどうすることですか。
10点

（　　　　　　　　　　　）

(4)　あや取りでは、結び付けられるものは、何と何ですか。
10点(一つ5)

（　　　　　　　）と
（　　　　　　　）

教科書 51〜63ページ

↓こうらのページにつづくよ→

17

③ 次の文章を読んで、問題に答えましょう。

読み 教56ページ6行〜57ページ1行

あるとき、こんな言いまちがいに出会いました。

「歯でくちびるをふんじゃった。」

この子は、「歯でくちびるをかんじゃった。」と言いたかったのです。それなのに、どうしてこんな言いまちがいをしたのでしょうか。

よく考えてみると、「ふむ」も「かむ」も、「あるものを上からおしつける動作」なので、似た意味の言葉であるといえます。おそらく、この子は、「かむ」という言葉を知らず、その代わりに、似た場面で覚えた「ふむ」を使ったのでしょう。つまり、この言いまちがいの原因は、自分が覚えた言葉を、別の場面で使おうとしてうまくいかなかったことといえます。言葉の意味のはんいを広げすぎたのです。

〈今井むつみ「言葉の意味が分かること」より〉

(1) 「こんな言いまちがい」を、文章中から一文でぬき出しましょう。 10点

( )

(2) 「どうしてこんな言いまちがいをしたのでしょうか」とありますが、「言いまちがい」の原因は何ですか。文章中から三十二字でさがして、初めの五字をぬき出しましょう。 13点

(3) 「似た意味の言葉」とありますが、何と何を指してこのように言っているのですか。文章中からそれぞれ二字でぬき出しましょう。 完答10点

[ ] と [ ]

(4) 「自分が覚えた言葉」とは何ですか。文章中から二字でぬき出しましょう。 6点

(5) 筆者は、(1)の「こんな言いまちがい」を、どういうものだと考えていますか。次の□に当てはまる言葉を、文章中からぬき出しましょう。 10点

言葉の

を広げすぎたもの。

この子は、どうして言いまちがいをしてしまったのかな。

きほんのドリル

10

敬語\日常を十七音で
漢字の広場①\古典の世界（１）
目的に応じて引用するとき

時間 15分　合格80点　/100

サクッと
こたえ
あわせ

答え 86ページ

月　日

◎ 敬語\日常を十七音で\古典の世界（１）\目的に応じて引用するとき

1 次の──線の漢字の読み仮名を書きましょう。　　　24点（一つ2）

( )　① 応じる
( )　② 大勢の人。
( )　③ 氷河
( )　④ 歴史

( )　⑤ 新幹線
( )　⑥ 俳句
( )　⑦ 日常
( )　⑧ 順序

( )　⑨ 古典
( )　⑩ 武士
( )　⑪ 資料
( )　⑫ 調査

◎ 敬語

2 敬語には、次の三種類があります。どのようなときに使うのかを、それぞれ後の
[　　]から選んで、記号を書きましょう。　　　12点（一つ4）

① ていねい語（　　　）　　② 尊敬語（　　　）　　③ けんじょう語（　　　）

[
ア　相手や話題になっている人をうやまう気持ちを表すとき。

イ　自分や身内の者の動作をけんそんして言うことによって、その動作を受ける
　　人への敬意を表すとき。

ウ　相手（聞き手や読み手）に対して、ていねいな言葉で敬意を表すとき。
]

◎ 日常を十七音で

3 次の（　）に当てはまる言葉を、後から選んで書きましょう。　　　8点（一つ4）

・俳句は、五・七・五の（①　　　　　　　）音で作る。
・俳句では、ふつう、「（②　　　　　　　）」という季節を表す言葉を使う。

[
切れ字　　季語　　十七　　三十一
]

◎ 漢字の広場①

4 ──線の言葉を、漢字を使って書きましょう。　　　8点（一つ2）

・図書館のそうしんのあんない図は、本のはいちが分かってべんりだ。

5 次の文章は、多くの人に知られている古典の、始まりの部分です。それぞれの作品名を後の◯◯◯から選んで、記号を書きましょう。 12点(一つ3)

① 祇園精舎の鐘の声、諸行無常の響きあり。 （　　）

② つれづれなるままに、日暮らし、硯に向かひて、心にうつりゆくよしなし事を、そこはかとなく書きつくれば、あやしうこそものぐるほしけれ。 （　　）

③ 今は昔、竹取の翁といふものありけり。 （　　）

④ ゆく河の流れは絶えずして、しかももとの水にあらず。 （　　）

> ア 方丈記　　イ 徒然草　　ウ 平家物語　　エ 竹取物語

6 次の、古典について説明した文の◯に合う言葉を後の◯◯◯から選んで、記号を書きましょう。 24点(一つ3)

・「竹取物語」は、◯①◯も前に書かれた物語である。現実には起こらないような◯②◯が書かれている。

・「平家物語」は、平家という◯③◯の一族が、栄え滅んでいくさまをえがいた作品である。◯④◯と、人々のすがたが書かれている。

・「方丈記」は、大火事や地震などでこわれていく都や、苦しむ人々の様子を細かく書いた作品である。小さな庵（そまつな家）で一人静かに暮らした◯⑤◯の、この世を◯⑥◯ものだと感じる見方が表れている。

・「徒然草」は、人間の生活や行動◯⑦◯のすがたなどを書いた作品である。作者である◯⑧◯の、人の生き方、自然の美しさに対する考えが表れている。

> ア うつり変わる時代　　イ 兼好法師　　ウ 不思議な出来事
> エ はかない　　オ うつりゆく自然　　カ 千年以上
> キ 鴨長明　　ク 武士

◉目的に応じて引用するとき

7 次は、調べたことを書き留めるときに気をつけることです。◯に合う言葉を後の◯◯◯から選んで、記号を書きましょう。 12点(一つ4)

・目的に合った部分を選び、◯①◯に書き写す。

・◯②◯となる本の情報を書いておく。

・◯③◯で調べたときは、ウェブサイト名や、そのサイトの管理者の名前、そのサイトを見た日付などを書いておく。

> ア 出典　　イ インターネット　　ウ 正確

ヒント **5** 「諸行無常」「つれづれなるままに」「竹取の翁」「ゆく河の流れ」などの言葉に注目しよう。

みんなが使いやすいデザイン
同じ読み方の漢字
季節の言葉2 夏の夜

時間 15分　合格80点　／100

答え 86ページ

サクッとこたえあわせ

月　日

◎ みんなが使いやすいデザイン／同じ読み方の漢字

1 次の——線の漢字の読み仮名を書きましょう。　24点(1つ2)

① 性別（　　　　）
② 非常口（　　　　）
③ 総合的（　　　　）
④ 校舎（　　　　）
⑤ 往復（　　　　）
⑥ 公演（　　　　）
⑦ 週刊誌（　　　　）
⑧ 肥料（　　　　）
⑨ 謝罪（　　　　）
⑩ 暴風（　　　　）
⑪ 鉱石（　　　　）
⑫ 功績（　　　　）

◎ みんなが使いやすいデザイン

2 ぎもんをもったことについて調べるとき、次の調べ方の特長はどのようなことですか。後の◯◯から選んで、記号を書きましょう。　12点(1つ3)

① インタビュー　　　　（　　　）
② 見たりさわったりして調べる　（　　　）
③ 本や資料を読む　　　（　　　）
④ インターネットでけんさくする　（　　　）

ア　くわしい情報や、せんもん家の考えを知ることができる。
イ　知りたいことを直接、質問できる。
ウ　最新の情報や、たくさんの情報を知ることができる。
エ　実際の様子を確かめられる。

◎ 同じ読み方の漢字

3 次の（　）に合う言葉を、それぞれ下の◯◯から選んで書きましょう。　10点(1つ2)

① ゾウの体重を（　　　　）。
② 部屋の広さを（　　　　）。
③ 駅までの時間を（　　　　）。

計る・量る・測る

④ 目が（　　　　）。
⑤ お茶が（　　　　）。

冷める・覚める

4 次の――線の熟語として正しいほうに、○を付けましょう。　16点(1つ4)

① 火事に備えて ショウカ { ア（　）消化　イ（　）消火 } 訓練を行った。

② 日曜日には、校庭が カイホウ { ア（　）開放　イ（　）解放 } された。

③ マンテン { ア（　）満天　イ（　）満点 } に星がまたたく夜だった。

④ 都市の ジンコウ { ア（　）人口　イ（　）人工 } が変化してきた。

> 星がまたたくのは空だよね。

◎ 季節の言葉2　夏の夜

5 次の言葉の意味を後の　　　から選んで、記号を書きましょう。　12点(1つ4)

① 涼風　（　）　② 炎天　（　）　③ 秋近し　（　）

> ア　ぎらぎらと焼けつくような真夏の空のこと。
>
> イ　夏の終わりごろにふく、すずしい風のこと。
>
> ウ　夏が終わりに近づき、秋がすぐそこまで来ていること。

6 次の文章を読んで、問題に答えましょう。

📖 教 86ページ 6行〜12行

夏は夜。月のころはさらなり、闇もなほ、蛍の多く飛びちがひたる。また、ただ一つ二つなど、ほのかにうち光りて行くもをかし。雨など降るもをかし。

（清少納言「枕草子」より）

　夏は夜がよい。月のころは言うまでもないが、月のない闇夜でもやはり、蛍がたくさん飛びかっているのはよい。ただ一ぴき二ひき、かすかに光りながら飛んでいくのも、風情がある。雨などが降るのもよいものである。

(1) この文章に書かれているものを次から一つ選んで、○を付けましょう。　6点

ア（　）夜への思い　イ（　）蛍への思い　ウ（　）夏についての思い

(2) 夏は何がよいというのですか。次から全て選んで、○を付けましょう。　20点(1つ4)

ア（　）朝　イ（　）夜　ウ（　）月のころ　エ（　）星がきれいな夜

オ（　）蛍の多い闇夜　カ（　）蛍のいない闇夜

キ（　）全くの闇夜　ク（　）少しの蛍が光って飛んでいる様子

ケ（　）きりの出ている夜　コ（　）雨の降る夜

ヒント **6**(2)　全部で五つ当てはまるよ。

[練習]見立てる〜同じ読み方の漢字

◎同じ読み方の漢字

1 次の□に合う──線の読み方の漢字を書きましょう。　32点(1つ4)

① イイン
- ア　学級□□
- イ　内科の□□。

② ジメイ
- ア　□□れて立つ。
- イ　感□に燃える。

③ カイテン
- ア　頭の□□
- イ　十時□□。

④ メイブン
- ア　□□がちがう。
- イ　□□が分かれる。

◎[練習]見立てる

2 次の文章を読んで、問題に答えましょう。

教53ページ3行〜15行

　日本でよく知られている写真Aの形は、地域ごとにちがう名前をもっている。「あみ」「田んぼ」「ちる」「たたみ」「かきね」「しょうじ」「油あげ」など、日本各地で名前を集めると、約三十種類にもなる。それぞれの土地の生活により関わりの深いものに見立てられた結果といえる。

　あや取りは、世界各地で行われている。写真Bは、アラスカの西部で「かもめ」とよばれている形である。しかし、カナダでは、同じ形に対し、真ん中にあるトンネルのような部分が家の出入り口に見立てられ、「ログハウス」(丸太を組んで造った家)などという名前が付けられている。

　見立てるという行為は、想像力にささえられている。そして、想像力は、わたしたちを育んでくれた自然や生活と深く関わっているのだ。

〈野口廣「見立てる」より〉

(1) 写真Aの形が、「地域ごとにちがう名前をもっている」のはなぜですか。　12点

(　　　　　　　)

(2) 「想像力」は、何と関わっていますか。　10点

(　　　　　　　)

(3) 最後の段落は、上の文章の中でどういう役わりをもっていますか。次から一つ選んで、○を付けましょう。　8点

- ア(　　)話題を示す
- イ(　　)例を挙げる
- ウ(　　)まとめる

◎敬語

3 次の──線の言葉を□の字数で〈 〉の敬語に直して書きましょう。 8点(1つ2)

① いっしょに歌おう。〈ていねい語〉

② 先生は何と言うだろう。〈尊敬語〉

③ では、五時におたくへ行きます。〈けんじょう語〉

④ お客様が庭へ行った。〈尊敬語〉

◎言葉の意味が分かること

4 次の文章を読んで、問題に答えましょう。

📖 57ページ3行〜58ページ1行

「朝食にスープを食べました。」

これは、アメリカ人の留学生が言った言葉です。日本語では、スープは「飲む」と表現することが多いため、日本語を母語とする人が聞くと、やや不自然に聞こえます。子どもとはちがい、この留学生は、「飲む」という言葉を知らなかったわけではありません。それでは、どうしてこのような表現をしたのでしょうか。

それは、英語と同じ感覚で「食べる」という言葉を使ったことが原因です。英語では、ものを食べる動作を「eat」という言葉で表しますが、これをスープに対しても使ったため、「スープを食べる」という表現をしたのでしょう。日本語の「食べる」と英語の「eat」は、似た意味の言葉ですが、意味のはんいがちがうのです。「食べる」と「eat」以外の言葉にも、こういったちがいはあります。

（今井むつみ「言葉の意味が分かること」より）

(1) 「やや……聞こえます」とありますが、その理由を文章中から二十六字でさがして、初めの五字をぬき出しましょう。 10点

(2) 「どうして……したのでしょうか」とありますが、その原因が分かる一文を文章中からさがして、初めの五字をぬき出しましょう。（句読点も数えます。） 10点

(3) 「意味のはんいがちがう」とありますが、「eat」の「意味のはんい」を説明した次の□に当てはまる言葉をぬき出しましょう。 10点

「eat」は

□ に対しても

使われる。

ヒント **4**(3) 「eat」はどのように使われているのかな。

13 作家で広げるわたしたちの読書／モモ

◎作家で広げるわたしたちの読書／モモ

❶ 次の——線の漢字の読み仮名を書きましょう。　20点(1つ2)

① 夢中（　　　）
② 短編集（　　　）
③ 危険（　　　）
④ 断言（　　　）

⑤ 境界線（　　　）
⑥ 曲がり角（　　　）
⑦ 事態（　　　）
⑧ 逆方向（　　　）

⑨ 裁判（　　　）
⑩ 圧力（　　　）

◎作家で広げるわたしたちの読書

❷ 読みたい本を見つけるときのポイントをまとめました。□に当てはまる言葉を下の　　から選んで、記号を書きましょう。　15点(1つ5)

・① □　ヤジャンルに着目する。
・② □　を読む。
・③ □　や友達がすすめるものから選ぶ。

ア	図書館
イ	あらすじ
ウ	作家

◎モモ

❸ 次の——線の言葉の意味をそれぞれ選んで、○を付けましょう。　21点(1つ7)

① 目のくらむほどの美しさ。
ア（　）もやがかかってぼんやりする。
イ（　）目がいたくてなみだがでる。
ウ（　）まぶしくて何も見えなくなる。

② 見わたす限りの海。
ア（　）辺り一面。
イ（　）往復できる広さ。
ウ（　）手がとどくはんい。

③ 心を決めて一歩ふみだす。
ア（　）気持ちが落ち着かずに。
イ（　）まよって、ぐずぐずして。
ウ（　）まよいをすてて。

4 次の文章を読んで、問題に答えましょう。

📖93ページ上5行〜下12行

「シッパイムョウ」と、カメの背中に文字がうかびました。

「心配なんかしてないわ」モモはその文字をやっと読み取ると言いましたが、それはむしろ、自分を元気づけるためでした。本当は少し心配になっていたからです。カメが案内してくれる道は、ますますみょうに、ますますやにしくなってきました。いくつも庭を通り、橋をわたり、トンネルをくぐり、門や建物のろう下をぬけ、何度か地下室まで通りぬけたのです。

もしもモモが、灰色の男の大軍が自分を追跡しているのを知っていたなら、もっともっと不安は大きかったでしょう。でも、そんなことは夢にも思いませんでした。ですから、見たところはいかにもやにしい道を、カメの後について、一歩一歩、しんぼう強く歩いてゆきました。

それがよかったのです。カメは、さっき町の雑踏の中でうまく道を見つけたのと同じように、今度はいつ、どこに追っ手が現れるかを、前もって正確に知っているようでした。二人が通りすぎたばかりの場所に、ひと足ちがいで灰色の男がやって来ることもありました。けれど、両方が出くわすことは、一度もありませんでした。

「字がよく読めるようになってよかったわ」そんなことはつゆ知らぬモモは、言いました。「ね、そう思わない?」

〈ミヒャエル＝エンデ作　大島かおり訳「モモ」より〉

(1) 「そんなこと」とありますが、どんなことですか。次から一つ選んで、○を付けましょう。　14点

ア（　）カメが案内してくれる道がきみょうでやにしいこと。

イ（　）灰色の男の大軍が自分を追跡していること。

ウ（　）カメが本当は全く道を知らないのに案内していること。

(2) 「両方が出くわすことは、一度もありませんでした」とありますが、なぜ出くわさなかったのですか。次から一つ選んで、○を付けましょう。　14点

ア（　）カメはいつ、どこに追っ手が現れるかを前もって知っていたから。

イ（　）モモがカメの言うことを聞いてしんぼう強く歩いていたから。

ウ（　）追っ手はどこにカメが向かうか分かっていなかったから。

(3) 「よかったわ」とありますが、何がよかったのですか。次の（　）に合う言葉を考えて書きましょう。　16点

カメの背中の字が読めるように（　　　　　）たので。

（　　　　　　　　　　）

Momo by Michael Ende
Copyright © 1973 by Thienemann in Thienemann-Esslinger Verlag GmbH
Used by permission of Thienemann, an imprint of Thienemann-Esslinger Verlag GmbH, Stuttgart.

◎作家で広げるわたしたちの読書／モモ

1 次の□に合う漢字を書きましょう。

24点(一つ3)

① [むちゅう]□□になる。

② [たんぺんしゅう]□□□を読む。

③ 危[き][けん]□を感じる。

④ [だんけん]□□する

⑤ [ちょうかいせん]□□□を引く。

⑥ 非常[じたい]□□

⑦ 裁[さい][ばん]□所

⑧ [やゆう]□□にならぶ。

◎モモ

2 次の──線の言葉の意味をそれぞれ選んで、〇を付けましょう。

24点(一つ6)

① やさしい説明を聞く。

ア（　）複雑でわかりにくい。

イ（　）かんたんでわかりやすい。

ウ（　）不確かではっきりしない。

② どろぼうを追跡する。

ア（　）にげ場のないところに追いこむ。

イ（　）もうすぐで追いつきそうになる。

ウ（　）にげるもののあとを追いかける。

③ 雑踏[とう]の中へ消える。

ア（　）さわがしく、ぶゆかいな所。

イ（　）多くの人が集まって混[こ]み合う所。

ウ（　）静かでひっそりとしている所。

④ 駅を発車した電車を見てうなだれた。

ア（　）うれしくなってとびはねた。

イ（　）がっかりしてうつむいた。

ウ（　）くやしくなって地面をふんだ。

3 次の文章を読んで、問題に答えましょう。

⊜教97ページ下14行〜98ページ下6行

「待ってよ、カメさん。」と、モモはさけびましたが、きみょうなことに、自分の声が聞こえません。

それなのに、カメにはモモの声がとどいたらしく、立ち止まってふり返りました。モモは後を追おうとしましたが、くらがり小路に足を入れたとたんに、まるで水の中をはげしい流れに逆らって進むが、ふいているとは感じられないのに強くおし返す風に立ち向かっているかのような感じがします。モモは、この不思議な圧力に逆らって体をななめに構え、建物のかくのはいにしがみつき、時には四つんばいになって進もうとしました。

「あたし、これじゃそこまで行けない。」というモモは、路地のおくに小さくすがたの見えるカメに向かって、悲鳴を上げました。「助けてよ。」

そのとたん、カメはもどってきました。やっとモモの前に着くと、そのこうらに、「ウシロムキニススメ」という言葉がうかび出ました。

モモはそうやってみました。後ろ向きになって歩いてみたのです。すると、何の苦もなく進めるではありませんか。ところが、そうしている間に起こったことがまた、なんともきみょうなのです。つまり、後ろ向きに歩いている間、頭で考えることも逆向き、息をするのも逆向き、何かを感じるのも逆向き——要するに、何もかもが逆向きになるのです。

〈ミヒャエル=エンデ 作／大島かおり 訳「モモ」より〉

(1)「きみょうなこと」とはどんなことですか。 8点

（ ）

(2)「不思議な圧力」とありますが、どんなものですか。次の（ ）に当てはまる言葉をぬき出しましょう。 24点(1つ8)

まるで（ ）をはげしい流れに逆らって進むが（ ）いると は感じられないのに強く（ ）風に立ち向かっているかのようなもの。

(3)「助けてよ。」というモモの言葉に、カメはどうしましたか。 4点

（ ）の言葉で助けてくれた。

(4)「そうしている間に起こったことがまた、なんともきみょうなのです」とありますが、どういうことなのですか。文章中の言葉を使って書きましょう。 16点

（ ）

四月から七月に習った漢字と言葉

| 時間 20分 | 合格80点 | ／100 |

サクッとこたえあわせ

答え 88ページ

月 日

① 次の──線の漢字の読み仮名を書きましょう。

25点(1つ1)

① 賞状　② 桜　③ 破る　④ 修復　⑤ 眼科

⑥ 質問　⑦ 報告　⑧ 所属　⑨ 意識　⑩ 原因

⑪ 留学生　⑫ 現れる　⑬ 直接　⑭ 氷河　⑮ 新幹線

⑯ 日常　⑰ 順序　⑱ 資料　⑲ 調査　⑳ 計測

㉑ 製糸　㉒ 謝罪　㉓ 功績　㉔ 航海　㉕ 断言

② 次の□に合う漢字を書きましょう。

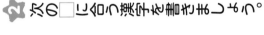
30点(1つ2)
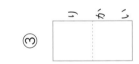

① いんしょう　② せったい　③ りか

④ ないよう　⑤ ぎじゅつ　⑥ てきせつ

⑦ ぼうえき　⑧ こきゃく　⑨ せいけつ

⑩ おうふく　⑪ ぼうふう　⑫ おちゅう

⑬ 危き□けん　⑭ じたい　⑮ あつりょく

→うらのページに続くよ→

5 次の──線の熟語が正しく使われているほうを○で囲みましょう。

12点（1つ3点）

① 自分の住む方角にある町に親しみをあまり感じないのなじみのない町に住む住民が多い。
（　　　　　　　）

② 姉は機械をうまくその選手として活用している。
（　　　　　　　）

③ 参加したのは、わたし以外だった。口だせた。
（　　　　　　　）

④ 小学生を対照にしたのは、わたしたちが書いた本をすすめる。
（　　　　　　　）

---

4 次の──線の言葉を、〈　〉の敬語に直して書きましょう。

18点（1つ6点）

① ぼくの弟は小学二年生だ。〈ていねい語〉
（　　　　　　　）

② かたづけは、わたしがします。〈けんじょう語〉
（　　　　　　　）

③ 先生が書いたみじかい返事をくれました。〈尊敬語〉
（　　　　　　　）

---

3 ──線の漢字を、意味を表す部分と音を表す部分に分けて書きましょう。

15点（1つ3点）

例　草（艹＋早）

	〈意味〉	〈音〉
① 新しい銅像が建てられる。	（　　＋　　）	
② 北極星は、いつも北の空に見られる。	（　　＋　　）	
③ 日記帳は、わたしのたからもの物だ。	（　　＋　　）	
④ 体育館で、バスケットボールをする。	（　　＋　　）	
⑤ パイロットになった自分を想像する。	（　　＋　　）	

16. かぼちゃのつるが

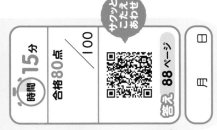

◎かぼちゃのつるが

❶ 次の詩を読んで、問題に答えましょう。

📖教 100ページ〜101ページ

かぼちゃのつるが

原田直友（はらだなおとも）

かぼちゃのつるが
はい上がり
はい上がり
葉をひろげ
葉をひろげ
はい上がり
葉をひろげ
細い先は
竹をしっかりにぎって
屋根の上に
はい上がり
短くなった竹の上に
はい上がり
小さなその先端は
いっせいに
赤子のような手を開いて
ああ　今
空をつかもうとしている

詩の表現に注目しながら読んでみましょう。

(1) 詩の中でくり返し使われている表現を二つぬき出しましょう。　12点(1つ6)

（　　　　　　）（　　　　　　）

(2) 詩の中で、かぼちゃのつるが、いちばん上にのびていることがわかる言葉をぬき出しましょう。　10点

(3) この詩から、かぼちゃのつるのどんな力を感じますか。一つ選んで○を付けましょう。　10点

ア（　　）想像力　イ（　　）破かい力
ウ（　　）生命力

(4) この詩の読み方としてよいものを次から一つ選んで、○を付けましょう。　12点

ア（　　）かぼちゃのつるの先端の細く赤子の手のような様子を、はなやかにやさしく読む。

イ（　　）かぼちゃのつるがぐんぐんとのびていく様子を、歯切れよく力強く読む。

ウ（　　）かぼちゃのつるがのびていく、くりかえしの表現を同じ調子で静かに読む。

↓95のページに続くよ！

2　次の詩を読んで、問題に答えましょう。

教102ページ

わ れ は 草 な り　　　　高見 順

わ れ は 草 な り
伸びのわれは草なり
伸びんとす
伸びられるとき
伸びんとす
伸びられぬ日は
伸びぬなり
伸びられる日は
伸びるなり

わ れ は 草 な り
緑なり
全身すべて
緑なり
毎年かはらず（も）
緑なり
緑の己に
あきぬなり

わ れ は 草 な り
緑なり
緑（ふか）の深きを
願ふなり

あ あ 生きる日の
美しき
あ あ 生きる日の
楽しさよ
わ れ は 草 な り
生きんとす
草のいのちを
生きんとす

---

(1)　この詩は何連でできていますか。漢数字で答えましょう。 8点

 連

(2)　この詩で話しているものを一字でぬき出しましょう。 10点

(3)　「われ」の願いを書いている部分を二行でぬき出しましょう。 12点

（　　　　　　　　　　　　　　）

(4)　「われは草なり」の詩についてまとめた次の文の□に当てはまる言葉をぬき出しましょう。 12点

「われ」を草に置きかえ、草が「伸びる」ことで、成長や力強さを、

「　　　　　　　」で

命のはかなさと大切さを表している。

(5)　この詩の解説としてよいものを次から一つ選んで、○を付けましょう。 14点

ア（　）草が成長する様子を、季節感ゆたかにえがいている。

イ（　）草にたくして、他者の願いをうったえている。

ウ（　）七五音やくり返しの表現で、リズム感が生まれている。

どちらを選びますか／新聞を読もう／文章に説得力をもたせるには／漢字の広場②

◎どちらを選びますか／新聞を読もう／文章に説得力をもたせるに

1 次の――線の漢字の読み仮名を書きましょう。　16点(1つ2)

(　　　) 　　　 (　　　) 　　　 (　　　) 　　　 (　　　)
① 説得力 　　　 ② 比べる 　　　 ③ 政治 　　　 ④ 興味

(　　　) 　　　 (　　　) 　　　 (　　　) 　　　 (　　　)
⑤ 示す 　　　 ⑥ 主張 　　　 ⑦ 個人 　　　 ⑧ 支える

◎どちらを選びますか

2 先生は、家族旅行の行き先は海と山のどちらがよいかまよっています。先生に、海と山をそれぞれの立場からすすめる場合、どのような手順ですすめればよいですか。次の□に当てはまる言葉を後の□□から選んで、記号を書きましょう。　18点(1つ3)

１　１ □①□ で海をすすめる、□②□ で山をすすめる ②を考え、ノートに書き出す。

２　先生役の人が □③□ となって、それぞれから話を聞く。

３　□④□ がはっきりするように、□⑤□ をし合う。

４　それぞれは、考えを整理し、最後に改めて意見を言う。先生役の人は、どちらの意見に □⑥□ があったかを判定する。

```
ア　質問        イ　それぞれの立場    ウ　説得力
エ　司会        オ　考えのちがい     カ　理由
```

◎新聞を読もう

3 新聞の一面は、①〜⑤のような部分からできています。それぞれの説明としてよいものを後の□□から選んで、記号を書きましょう。　20点(1つ4)

① 見出し (　　　) 　　　 ② コラム (　　　) 　　　 ③ 写真・図表 (　　　)

④ 本文 (　　　) 　　　 ⑤ リード文 (　　　)

```
ア　記事の内容を短くまとめたもの。記事が長い場合、本文の前に付けられる。
イ　記事の内容をより分かりやすく、くわしく伝えるためにそえられるもの。
ウ　記事の題に当たる。短い言葉で、内容がひと目で分かるように書かれている。
エ　出来事のくわしい内容。解説が加わる場合もある。
オ　世の中の出来事や、季節の話題などについて書かれた文章。
```

4 新聞について、次の問題に答えましょう。

(1) 新聞のページは「面」とよばれます。次の①・②の記事がのっている面をそれぞれ後の □ から選んで、記号を書きましょう。 6点(一つ3)

　① サッカーの試合の結果。（　　　）

　② さぎ事件がふえていること。（　　　）

　┌─────────────────────────┐
　│ ア 社会面　　イ 経済面　　ウ スポーツ面 │
　└─────────────────────────┘

(2) 報道記事で取り上げる出来事について、書かれていないことを次から二つ選んで、○を付けましょう。 6点(一つ3)

　ア（　　）だれが　　イ（　　）感想　　ウ（　　）なぜ

　エ（　　）どのように　　オ（　　）作り話

　カ（　　）どこで　　キ（　　）何を　　ク（　　）いつ

◉ 文章に説得力をもたせるには

5 意見文を書くときに大切なことをまとめました。次の □ に合う言葉を後の □ から選んで、記号を書きましょう。 16点(一つ4)

・他の人につたえたいことである ① をを示す。

・① を支える、事実や体験などの ② を ③ として挙げる。

・④ と、それに対する考えを示す工夫をする。

　┌─────────────────────────────────┐
　│ ア 具体的な例　　イ 主張　　ウ 予想される反論　　エ 根拠 │
　└─────────────────────────────────┘

◉ 漢字の広場②

6 ──線の言葉を、漢字を使って書きましょう。 18点(一つ2)

① あくてんこうのため、登頂にしっぱいした。

② はんせいにもとづいて、つぎにとりくんだ。

③ もくひょうに向けて、せつやくした。

④ 登山にせいこうして、ひがんを達成した。

どちらを選びますか〜 漢字の広場②

時間 20分　合格80点　/100　答え 88ページ　月 日

◎どちらを選びますか／新聞を読もう／文章に説得力をもたせるには

1 次の□に合う漢字を書きましょう。　12点(1つ2)

① 〔せつとく〕 力がある。

② 二つを 〔くら〕べる。

③ 〔せいよう〕 や文化。

④ 〔きょうみ〕 をもつ。

⑤ 図を 〔しめ〕す。

⑥ 〔こじん〕 の自由。

◎どちらを選びますか

2 次の、海をすすめるチーム(A)と山をすすめるチーム(B)の質疑応答を読んで、問題に答えましょう。

A　わたしたちは、海がいいと思います。理由は三つです。一つ目は、泳げること、二つ目は、すなはまで遊んだり、貝がらを拾ったりできること、三つ目は、楽しいことです。

司会　何か質問はありますか。

B　海チームに質問です。海は楽しいと言っていましたが、それは山もそうだと思います。

A　そうかもしれませんが、海は泳いだり、すなで遊びをしたり、山よりいろいろな遊びで楽しめると思います。

B　確かに、山は登ることが一番の目的かもしれませんね。

(1) Bチームは、Aチームの挙げた理由のうち、どれについて質問していますか。　8点

(　　　　　　　　　　)

(2) Aチームは、Bチームの質問に対して、どう答えていますか。　10点

(　山よりも海のほうが、　　　　。)

(3) Bチームは、Aチームの答えを聞いて、どのように思ったのですか。　8点

(　　　　　　　　　　)

教科書 104〜112ページ

3 二つの立場から考えるとき、大切なポイントをまとめました。次の□に当てはまる言葉を後の□から選んで、記号を書きましょう。16点(一つ4)

・ ① を出し合って、考えの ② を明確にする。
・ たがいの考えの ③ や ④ を比べ、どちらの考えに説得力があるかを考える。

```
ア　よいところ　　イ　問題点
ウ　質問　　　　　エ　ちがい
```

◎新聞を読もう

4 新聞を読むときのポイントをまとめました。次の□に当てはまる言葉を後の□から選んで、記号を書きましょう。18点(一つ3)

・ 記事を読むときは、何について書かれているかを ① や ② からとらえ、よりくわしい情報を ③ や ④ からとらえる。
・ 同じ話題でも、伝える相手や ⑤ によって、記事の内容はことなる。 ⑥ に合わせて、読む新聞や記事を選ぶのがよい。

```
ア　知りたいこと　　イ　本文　　ウ　リード文
エ　目的　　　　　　オ　図表　　カ　見出し
```

◎漢字の広場②

5 ——線の言葉を、漢字を使って書きましょう。28点(一つ2)

① なかまがわになっており、辺りはわらいでつつまれた。

② しゅうまで、はじめて、イベントにさんかした。

③ つめたい雨の中での登山は、いばらの道でくろうした。

④ ざんねんな結果になり、ざんざん、しっぱいを重ねながらぶりょくした。

ヒント ④ 新聞の部分を表す言葉とそれ以外に分けて考えよう。

たずねびと ㈠

1 次の──線の漢字の読み仮名を書きましょう。　20点(一つ2)

(　　　) ① 迷う
(　　　) ② 所在地
(　　　) ③ 独り言
(　　　) ④ 弁当箱

(　　　) ⑤ 検索
(　　　) ⑥ 真面目
(　　　) ⑦ 提供
(　　　) ⑧ 寄る

(　　　) ⑨ 余り
(　　　) ⑩ 仏

2 次の──線の言葉の意味をそれぞれ選んで、〇を付けましょう。　12点(一つ4)

① なみだがとめどなく流れる。

ア(　)すぐに終わる。
イ(　)終わることがない。
ウ(　)もう少しで終わる。

② 名前がぶつにうかぶ。

ア(　)急に。
イ(　)少しずつ。
ウ(　)大量に。

③ 説明がしどろもどろになる。

ア(　)ていねいだ。
イ(　)ひどくみだれている。
ウ(　)とても分かりやすい。

> 「とめどなく」は、「止めどなく」と書きますよ。

3 次の( )に当てはまる言葉を後の◻◻から選んで、記号を書きましょう。ただし、一度選んだものは二度選んではいけません。　18点(一つ3)

① ポスターが(　)めくれ上がる。
② (　)流れる川。
③ (　)時計を見る。
④ (　)家に帰る。
⑤ 人が(　)ならぶ。
⑥ てんじょうに虫が(　)だかる。

┌─────────────────────────────┐
ア びっしり　　イ ちらちら　　ウ ぱっと
エ ゆったり　　オ ふわっと　　カ ずらっと
└─────────────────────────────┘

❹ 次の文章を読んで、問題に答えましょう。

📖教114ページ10行〜115ページ15行

どうも気になって、ポスターのはってあるがまで歩いて行った。

すると、ポスターのちょうど真ん中くらいにあったのは、わたしの名前だった。

「楠木アヤ」——からこの中に年齢も書いてあった(十一さい)——年齢も同じ——びっくり。だれかが、わたしをさがしてるの。

だが、もちろん、そうではなくて、ポスターのいちばん上には「原爆供養塔納骨名簿」とあった。だいいち、わたしの名前は漢字で「綾」と書くのだ。

ポスターには、「ご遺族の方や名前におぼえのある方は、お知らせください」とも書いてあった。——死んだ人をさがしてるんだ——原爆が落とされたので、戦争が終わった年だよね。何十年も前のことなのに。

「楠木アヤ(十一さい)」と書かれた所を、また見つめた。このアヤちゃんには、何十年も前からだれも「心当たり」がないのだろうか。本当に不思議な気がした。

〈朽木祥「だれびと」より〉

「わたし」はどうしてポスターが気になったのかな。

(1)「わたしの名前」とありますが、ポスターに書かれていた名前をぬき出しましょう。 8点

(　　　　　　　)

(2)「わたしの名前」とありますが、「わたし」の名前をすべて漢字で書きましょう。 8点

(　　　　　　　)

(3)「だれかが、わたしをさがしてるの。」とありますが、本当はどうだったのですか。次の□に当てはまる言葉を文章中からぬき出しましょう。 10点

でなくなった人の遺族をさがしている。

(4)「死んだ人をさがしてるんだ」ということを、「わたし」はどんな言葉から知りましたか。文章中から二十八字でさがして、初めの五字をぬき出しましょう。 10点

(5)「本当に不思議な気がした。」とありますが、何が不思議だったのですか。 14点

❹⑸ 直前に注目して、不思議だと思ったことの内容を読み取ろう。

きほんドリル 20

たずねびと ②／漢字の広場③
方言と共通語
季節の言葉3　秋の夕

時間 15分
合格 80点
／100

サワッとこたえあわせ

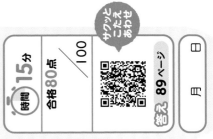

答え 89ページ

月　日

◎漢字の広場③

1 ──線の言葉を、漢字を使って書きましょう。　　18点(一つ3)

① や魚でえさようを取って、けんこうになる。

② がっしょうコンクールのために、がっきのひき方をおぼえる。

◎方言と共通語

2 次の文の□に合う言葉を後の⁝から選んで、記号を書きましょう。　16点(一つ4)

　住んでいる地方特有の表現をふくんだ言葉うからを □① という。□① は、そこに住む人々の □② をぴったりと言い表すことができる。

　ちがう地方の人どうしが、それぞれの □① で会話したのでは、事がらや気持ちが □③ ことがある。そのため、どの地方の人でも分かる言葉うからである □④ が必要となる。

> ア　正確に伝わらない　　イ　共通語
> ウ　方言　　　　　　　　エ　気持ちや感覚

◎季節の言葉3　秋の夕

3 次の文章は、何について書かれていますか。後から一つ選んで、○を付けましょう。　10点

📖 134ページ6行〜14行

　秋は夕暮れ。夕日のさして山の端いと近うなりたるに、烏の寝どころへ行くとて、三つ四つ、二つ三つなど、飛びいそぐさへあはれなり。まいて雁などのつらねたるが、いと小さく見ゆるはいとをかし。日入り果てて、風の音、虫の音など、はた言ふべきにあらず。
（清少納言「枕草子」より）

秋は夕暮れがよい。夕日が差して、山にとても近くなったころに、烏がねぐらに行こうとして、三羽四羽、二羽三羽などと、急いで飛んでいく様子までしみじみとしたものを感じさせる。ましてや雁などが列を作っているのがとても小さく見えるのは、たいへん味わい深いものだ。日がすっかりしずんでしまって、風の音や虫の音などがするのも、言うまでもなくよいものだ。

ア（　）烏くの思い　　イ（　）雁くの思い　　ウ（　）秋についての思い

◉ だすねびと

④ 次の文章を読んで、問題に答えましょう。

📖 教 118ページ13行〜120ページ3行

　広島まで在来線で行くと、数時間かかる。広島駅からは路面電車で平和記念公園に向かった。にぎやかな通りをすぎ、橋の手前で下りると、すぐ目の前に原爆ドームがあった。

　秋の空は高く青くすんで、ゆったり流れる川にも空の色がうつっていた。ほね組みがむき出しのドームがその場にあるのが不思議なくらい、明るくて晴れ晴れとした景色だった。

　——ここが爆心地なのか。ここで本当にたくさんの人が死んだの——。

　お兄ちゃんも、独り言みたいにつぶやいた。

　「信じられないよな。水面が見えないくらい、いっぱい人がういたなんて。」

　その川をわたって、慰霊碑にお参りしてから、まず平和記念資料館に向かった。

　資料館を半分も見て回らないうちに、わたしは頭がくらくらしてきた。何もかも信じられないことばかりだった。

　飯が炭化した弁当箱、くにゃりととけてしまったガラスびん、八時十五分で止まった時計。そして焼けただれた三輪車や石段に残る人の形のかげが、「本当なんだ。あなたは知らなかったの。」と問いかけてくるような気がした。原爆の閃光や熱風、四千度もの熱のせいで、この持ち主たちは、ほとんどみんな死んでしまったのだ。

〈柏木祥子「だすねびと」より〉

(1) 「ドームがその場にあるのが不思議なくらい」と感じたのはなぜですか。　15点

（　　　　　　　　　　　　）

(2) 「ここ」とはどこですか。次の□に当てはまる言葉を文章中からぬき出しましょう。　8点

がある場所。

(3) 「信じられないよな」とありますが、何が信じられないというのですか。　15点

（　　　　　　　　　　　　）

(4) 「わたしは頭がくらくらしてきた」とありますが、その理由を次から一つ選んで、○を付けましょう。　10点

ア（　　）見るべきものがあまりにも多かったから。

イ（　　）見ているものが本当だと信じられなかったから。

ウ（　　）いろいろと見て回ってつかれてしまったから。

(5) 「問いかけてくる」ものは何ですか。一まとまりの部分を文章中からさがして、初めと終わりの三字をぬき出しましょう。　8点

		〜		

たずねびと
漢字の広場③
方言と共通語

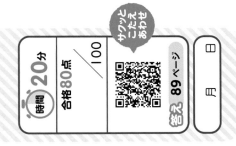

◉漢字の広場③

1 ——線の言葉を、漢字を使って書きましょう。

18点(1つ2)

① アサガオの<u>たね</u>から<u>め</u>が出る様子を<u>かんさつ</u>する。

② <u>おくちょう</u>など、数の<u>たんい</u>について勉強した。

③ 円の<u>はんけい</u>や三角形の<u>めんせき</u>を求める<u>れいだい</u>を解いた。

◉方言と共通語

2 次の文章を読んで、問題に答えましょう。

📖教124ページ7行～11行

「何十年も①だれにもむかえに来てもらえないなんて、どうしてなんですか。」
「もしかしたら、家族もみんなせいになったのかもしれんね。②じゃが、今でもどこぞで帰りを待っとる人もあるかもしれんと、望みはすてにおりますがの。」
「——あの、ポスターにね、わたしと名前が同じ女の子がいたんです。わたし、クスノキアヤっていうんですけど。」

朽木祥「たずねびと」より

(1) 「だれにもむかえに来てもらえないなんて、どうしてなんですか」は、方言と共通語のどちらですか。 8点

(　　　　　　　)

(2) 「じゃが、今でも、どこぞで帰りを待っとる人もあるかもしれん」は、方言と共通語のどちらですか。 8点

(　　　　　　　)

(3) ——線①と②は、十一さいの女の子である「わたし」と、おばあさんの会話です。そのことから、方言と共通語を使う人について、どのようなことがいえますか。 11点

(　　　　　　　　　　　　　)

方言は、地方特有の言葉づかいのことだよ。

↓つぎのページに続くよ！

③ 次の文章を読んで、問題に答えましょう。

124ページ10行〜125ページ15行

「——あの、ポスターにね、わたしと名前が同じ女の子がいたんです。わたし、アヤキャアっていうんですけど。」

おばあさんの顔がぱっとかがやいた。お兄ちゃんがあわてた様子で付け足した。

「遺族が、知り合いとかじゃないんです。ただ年齢までいっしょだったから、妹がすごく心に残ったみたいで——。」

それを聞くと、おばあさんはだまりこんでしまった。

わたしはこまってお兄ちゃんを見た——おばあさんをがっかりさせてしまったにちがいないと思ったのだ。

だが、そうではなかった。おばあさんは、ほうきとちり取りをわきに置くと、しゃがんで供養塔に手を合わせ、こう言ったのだ。

「アヤちゃん、よかったねえ。もう一人のアヤちゃんがあなたに会いに来てくれたよ。」

やがておばあさんは顔を上げると、しわだらけの顔いっぱいに、もっとしわをきざんでわたしに笑いかけた。目には光るものがあったので、泣き笑いみたいな表情だった。

「この楠木アヤちゃんの夢やら希望やらが、あなたの夢や希望にもなって、かなうといいねえ。元気に長生きして、幸せにおくらしなさいよ。」

わたしははずかしくなって下を向いてしまった。そんなことは考えたこともなかったからだ。

〈柏葉幸子「たずねびと」より〉

(1)「おばあさんの顔がぱっとかがやいた」のはなぜですか。14点

（　　　　　　　）

(2)「わたし」は「おばあさんはだまりこんでしまった」理由をどのように考えたのですか。それが分かる部分を文章中から十一字でさがして、初めの五字をぬき出しましょう。10点

(3)「おばあさんはだまりこんでしまった」のはなぜだったのですか。次から一つ選んで、〇を付けましょう。10点

ア（　）「わたし」がアヤちゃんに会いに来てくれたから。

イ（　）「わたし」がアヤちゃんと他人で悲しかったから。

ウ（　）「わたし」ともっと早く会えてられればよいのにと思ったから。

(4)「目には光るものがあった」とありますが、それは何ですか。7点

（　　　　　　　）

(5)「わたしははずかしくなって下を向いてしまった」とありますが、それはなぜですか。14点

（　　　　　　　）

よりよい学校生活のために
浦島太郎 「御伽草子」より
和語・漢語・外来語

時間15分　合格80点　/100　サクッと こたえ あわせ　答え 90ページ　月　日

◎ よりよい学校生活のために＼浦島太郎 「御伽草子」より＼和語・漢語・外来語

1 次の——線の漢字の読み仮名を書きましょう。　8点(一つ2)

( )　　( )　　( )　　( )
① 条件　② 保つ　③ 妻　④ 混み合う

◎ よりよい学校生活のために

2 よりよい学校生活のために、グループで話し合いを行います。その活動の流れになるように、（　）に番号を書きましょう。　完答15点

（　）自分の立場を明確にする。
（　）計画にそって、グループで話し合う。
（　）学校生活の中から、議題を決める。
（　）話し合ったことをクラスで共有し、感想を伝え合う。
（　）話し合いのしかたを確かめ、進行計画を立てる。

3 よりよい学校生活のために出された次のような意見から、どのような課題を立てればよいでしょうか。後の____から選んで、記号を書きましょう。　10点(一つ5)

① 階段やわたりろう下は、そうじをしてもすぐによごれてしまう。（　　）
② 地域の方に、もっと自分たちの学習での取り組みを知ってもらいたい。（　　）

> ア 地域の方に向けて、自分たちの取り組みをどう発信するか。
> イ 階段やわたりろう下をきれいに保つために、何ができるか。

4 話し合いの進め方を述べた、次の文の____に合う言葉を後の____から選んで、記号を書きましょう。　16点(一つ4)

1　一人ずつ ①____ を出し合う。
2　たがいの考えについて ②____ したり、答えたりする。
3　たがいの考えの ③____ や、ことなる点を確かめる。
4　考えをまとめる ④____ を決めて、その ④ にそって話し合う。

> ア 質問　イ 意見　ウ 条件　エ 共通点

↓ 55のページに続くよ！

5 話し合いでよく使う質問のしかたとして、次の場合にはどれを使うのが適切でしょうか。後の□□から二つずつ選んで、記号を書きましょう。 16点(一つ4)

① くわしい説明や考えをきくとき。 （　　）（　　）

② 相手の評価・判断をきくとき。 （　　）（　　）

> ア 具体的に言うと、どういうことですか。
> イ ——という点については、賛成／反対ですか。
> ウ どちらが——ですか。
> エ ——とは、例えばどういうことですか。

6 意見が対立したときには、どんなことが大切ですか。次から二つ選んで、○を付けましょう。 10点(一つ5)

ア（　　）たがいの意見をしっかり聞き合い、受け止めること。
イ（　　）相手の声に負けないように、大きな声で主張すること。
ウ（　　）相手の意見はてってい的に否定し、負けをみとめさせるようにすること。
エ（　　）「人」と「意見」を区別し、感情的にならないようにすること。

◎和語・漢語・外来語

7 次の①〜③は、それぞれどのような言葉ですか。後から選んで、記号を書きましょう。 12点(一つ4)

① 和語 （　　）　② 漢語 （　　）　③ 外来語 （　　）

> ア 古くに中国から日本に入ってきた言葉で、ふつう漢字で書く。
> イ 昔の中国以外の外国の言葉から日本語に取り入れられた言葉で、ふつう片仮名で書く。
> ウ もともと日本にあった言葉。

8 次の言葉を和語・漢語・外来語に分けて、それぞれ記号を書きましょう。 13点(一つ1)

> ア パン　イ 歌う　ウ 解決　エ ビタミン　オ 愛
> カ 情報　キ 親友　ク 花火　ケ ふるさと　コ たばこ
> サ 昼飯　シ 畑　ス ニュース

① 和語 （　　　　　　）
② 漢語 （　　　　　　）
③ 外来語（　　　　　　）

ヒント **5** 評価・判断というのは、よい・わるい、賛成・反対などだね。

◉ よりよい学校生活のために／和語・漢語・外来語

1 次の□に合う漢字を書きましょう。　　　　　　　　12点(1つ2)

① 取引の [じょうけん] □。
② きれいに [たも] □つ。
③ [じんこう] □し店。
④ 説明の [しょうりゃく] □。
⑤ 虫の [さいしゅう] □。
⑥ [かのうせい] □がある。

◉ よりよい学校生活のために

2 議題に対して、どのような考えをもっているかを明らかにするとき、議題に関わる現状と問題点を挙げ、それに対する自分の考えを書き出します。次のようにまとめた文の□に合う言葉を後の□□から選んで、記号を書きましょう。　　15点(1つ5)

〈現状と問題点〉	階段もわたりろう下も、通る人が多く、 ① 。
〈解決方法〉	美化委員でよびかけてもらい、 ② 。
〈理由〉	委員会が中心になれば、 ③ と思うから。

ア ごみがたまってしまう　　イ 全校で取り組める
ウ みんなでごみを拾う

3 意見が対立したときには、たがいの意見をしっかり聞き合い、受け止め、話を前に進めることが大切です。そのときに使う次のような言葉は、どのようなものだと言えますか。後の□□から選んで、記号を書きましょう。　　20点(1つ5)

① 「それなら、こうしたらどうかな。」　　（　　　）
② 「どうしてそう思うの。」　　（　　　）
③ 「確かに、その考え方も分かる。」　　（　　　）
④ 「なぜかというと、——だからだよ。」　　（　　　）

ア 相手に考えや理由をたずねる言葉
イ 自分の考えの理由を伝える言葉
ウ 「理解した」ということを伝える言葉
エ 話に区切りをつけ、次へ進める言葉

意見がちがうのは、当然のことですよ。

4 次の文章を読んで、問題に答えましょう。

教 144ページ上1行〜145ページ下8行

太郎思ふやう、「亀が与へしかたみの箱、あけて見ばや」と思ひけれども、「あけて見せ給ふな」と言ひけり。今は何かはしかるべき。この箱をあけて見れば、中より紫の雲三すぢ上りけり。これを見れば、二十四五の齢も、たちまちに変わりはてにける。

さて、浦島は鶴になりて、虚空に飛び上がりける。そもそも、この浦島が年を、亀はからひとして、箱の中にたたみ入れにけり。

その後、鶴となりた太郎は、丹後国（今の京都府北部）に現れ、夫婦の明神となった。亀も同じ所に現れ、夫婦の明神となった。

太郎が思うに、亀は形見にくれた箱を、決して開けなさるなと言っていたけれど、（ふた）はどうしようもないので、開けて見ようと思い見てしまったのは残念なことだった。この箱を開けて見たところ、中から紫色の雲が三本立ち上った。この雲を見た太郎は三十四五だったのに、たちまちおじいさんに変わり果ててしまった。

それから、浦島太郎は鶴になって、大空く飛び上がっていった。もともと、この浦島の年の数を、亀のふうかって、箱の中にたたんで入れてあったのだ。あらゆる生き物をすくう明神となった。また、

〈浦島太郎『御伽草子』より〉

(1) あまり知られていない話が始まっているのは古文の何行目からですか。漢数字で書きましょう。　10点

（　　　　　　　　）行目

(2) 「二十四五の齢も、たちまちに変わりはてにける」とありますが、その原因はなんだと書かれていますか。理由が書かれている古文の一文の最初の五字をぬき出しましょう。　13点

◉ 和語・漢語・外来語

5 後の ____ の言葉を、次の三つに分類して書きましょう。　30点(完答一つ3)

① 和　語（　　　　　　　　　　　　　　　）

② 漢　語（　　　　　　　　　　　　　　　）

③ 外来語（　　　　　　　　　　　　　　　）

> ヘア　　内容　　肉　　自動車　　集まり
> ミルク　電気　　東　　明るい　　かるた

❶ 次の——線の漢字の読み仮名を書きましょう。 20点(一つ2)

① 過程（　　　）
② 豊か（　　　）
③ 分布（　　　）
④ 森林（　　　）
⑤ 減少（　　　）
⑥ 保護（　　　）
⑦ 再び（　　　）
⑧ 増加（　　　）
⑨ 証人（　　　）
⑩ 責任（　　　）

❷ 次の——線の言葉の意味をそれぞれ選んで、〇を付けましょう。 20点(一つ4)

① 日本だけに生息する動物。
　ア（　）ある場所にすむ。
　イ（　）息をすったりはいたりする。
　ウ（　）生きものが生まれる。

② 他の地域と分断される。
　ア（　）別々のものを一つにくっつけること。
　イ（　）一つ一つを平等にあつかうこと。
　ウ（　）一つのものを切りはなすこと。

③ 一九〇五年を最後に消息を絶つ。
　ア（　）命。人生。
　イ（　）たより。音信。
　ウ（　）元気。生気。

④ 害獣としてほかくされる。
　ア（　）つかまえること。
　イ（　）追いはらうこと。
　ウ（　）特別あつかいすること。

⑤ 日本列島の成り立ちの生き証人となる。
　ア（　）事実を明らかにする人。
　イ（　）才能をみとめられた人。
　ウ（　）みんなに愛される人。

「消息」は、「手紙」などのことを指す場合もあるよ。

教科書 149〜159ページ

↑うらのページに続くよ！

47

③ 次の文章を読んで、問題に答えましょう。

150ページ1行～151ページ2行

　ウサギといえば、耳が長くてぴょんぴょんはねる、鳴かない動物——そう考える人が多いのではないでしょうか。しかし、アマミノクロウサギという種はちがいます。耳は約五センチメートルと短く、ジャンプ力は弱く、そのうえ「ピシー」という高い声で鳴くのです。このウサギは、日本だけに生息しています。このような特定の国や地域にしかいない動植物のことを、「固有種」といいます。

　固有種には、古い時代から生き続けている種が多くいます。アマミノクロウサギも、およそ三百万年以上前からほぼそのままのすがたで生きてきたとされる、めずらしいウサギです。このウサギと比べることで、「耳が長い」「ぴょんぴょんはねる」「鳴かない」というふつうのウサギの特徴が、長い進化の過程で手に入れられたものなのだということが分かります。固有種と他の種とを比べることは、生物の進化の研究にとても役立つのです。日本には、固有種がたくさん生息する豊かな環境があります。わたしは、この固有種たちがすむ日本の環境を、できるだけ残していきたいと考えています。

〈今泉忠明「固有種が教えてくれること」より〉

(1) 「アマミノクロウサギという種」はどのようなウサギですか。それが分かる四十三字の部分の、初めの五字をぬき出しましょう。　10点

(2) 「固有種」とはどんなものですか。　10点

（　　　　　　　　　）

(3) 「めずらしいウサギ」とありますが、何がめずらしいのですか。　12点

（　　　　　　　　　）

(4) 「ふつうのウサギの特徴」を、文章中から三つぬき出しましょう。

18点(1つ6)

・（　　　　　　　　　）

・（　　　　　　　　　）

・（　　　　　　　　　）

(5) アマミノクロウサギとふつうのウサギを比べることは、何に役立つのですか。文章中から八字でぬき出しましょう。　10点

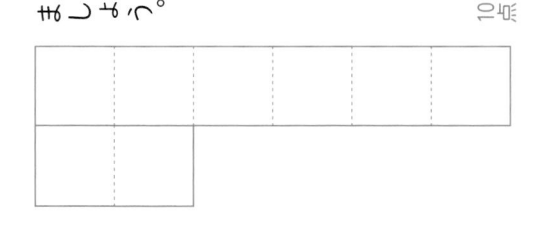
アマミノクロウサギとふつうのウサギのちがいは何かな。

ヒント ③(5) アマミノクロウサギは「固有種」だね。

固有種が教えてくれること
自然環境を守るために (2)

時間 15分　合格80点　／100

答え 90ページ

月　日

◎自然環境を守るために

1 次の——線の漢字の読み仮名を書きましょう。 6点(1つ2)

（　　　）　　（　　　　　）　　（　　　）
① 統計　　② 二酸化炭素　　③ 設定

2 統計資料を読むときの注意点をまとめました。□に当てはまる言葉を下の　　から選んで、記号を書きましょう。 8点(1つ4)

・□①　や目もりに注意して読む。
・□②　や対象を確かめる。

```
ア 単位　イ 調べた時期
```

3 次の文章を読んで、問題に答えましょう。

教163ページ1行〜16行 （グラフは省略）

　資料①は、日本の産業部門と家庭部門の二酸化炭素排出量を示しています。ここ数年はどちらも減っていますが、一九九〇年と二〇一九年を比べると、産業部門が一億トン以上減っているのに対し、家庭部門は三千万トン増えています。
　続いて、資料②を見てください。これは家庭から排出される二酸化炭素量を、エネルギーの種類別に分類したものです。いちばん多いのは、電気の使用によるもので、全体の約六十六パーセントをしめています。
　以上のことから、二酸化炭素を減らすためには、各家庭での節電が重要だと考えます。エアコンの設定温度を変えたり、こまめに電気を消したりするなど、身近なことから始めましょう。

〈「自然環境を守るために」より〉

(1) 一九九〇年と二〇一九年を比べて分かることは何ですか。 8点

二酸化炭素排出量が、産業部門では（　　　　　　　　　　　　　　　　）

(2) 資料②からは何が分かりますか。次から一つ選んで、〇を付けましょう。 8点

ア（　）家庭ではどのようなエネルギーを使っているか。
イ（　）いちばん使われているエネルギーは何か。
ウ（　）何から排出される二酸化炭素量が多いか。

(3) 自分の意見を書いている連続した二文はどこですか。初めの五字をぬき出しましょう。 10点

```
|　|　|　|　|　|
```

↓ 55のページに続くよ！

❹ 次の文章を読んで、問題に答えましょう。
📖教153ページ11行〜154ページ13行

このようなことから、日本列島には数百万年前に出現したものをはじめ、さまざまな時代から生き続けている哺乳類が見られ、その約半数が固有種なのです。では、このさまざまな動物たちが何万年も生き続けることができたのは、なぜでしょう。それは、日本列島が南北に長いため、寒い地域からあたたかい地域までの気候的なちがいが大きく、地形的にも平地から標高三千メートルをこす山岳地帯まで変化に富んでいるからです。そのおかげで、さまざまな動物たちがくらせる、豊かで多様な環境が形づくられたのです。日本にやって来た動物たちは、それぞれ自分に合った場所を選んだことで、生きぬくことができたのでしょう。そして、その場所は、今日まで長く保たれてきました。固有種が生き続けていくためには、この豊かな環境が保全される必要があるのです。

〈今泉 忠明「固有種が教えてくれること」より〉

(1)「その約半数」とありますが、何の半数ですか。次の□に当てはまる言葉を文章中からぬき出しましょう。
10点

さまざまな時代から

生き続けている　□□□□□　。

(2)「動物たちが何万年も生き続けることができたのは、なぜでしょう」とありますが、その理由を二つ書きましょう。
30点(一つ15)

・（　　　　　　　　　　）

・（　　　　　　　　　　）

(3)「その場所」とはどこのことですか。文章中から八字でさがして、初めの五字をぬき出しましょう。
10点

□□□□□

(4)固有種が生き続けていくために必要なのは、どのようなことですか。次から一つ選んで、◯を付けましょう。
10点

ア（　）動物に合った環境をさがすこと。

イ（　）環境をさらに豊かなものにすること。

ウ（　）豊かな環境が保全されること。

日本列島に固有種が多い理由を読み取りましょう。

カンシー博士の暗号解読
古典の世界（二）
漢字の広場④

時間 15分　合格80点　/100

サクッとこたえあわせ　答え 91ページ

月　日

◉カンシー博士の暗号解読

1 次の──線の漢字の読み仮名を書きましょう。　28点（1つ2）

（　　　）①教授　（　　　）②紀行文　（　　　）③文化財　（　　　）④山脈

（　　　）⑤組織　（　　　）⑥建築　（　　　）⑦旧道　（　　　）⑧規則

（　　　）⑨貯金　（　　　）⑩新型　（　　　）⑪血液　（　　　）⑫基本

（　　　）⑬額縁ぶち　（　　　）⑭事故

2 次の●◆■には、それぞれ同じ読み方の漢字が入ります。当てはまる漢字を下に書きましょう。　30点（1つ2）

① ●食当番は、毎週月◆日に交■する。　　● ☐　◆ ☐　■ ☐

② 地●は、■◆の周りを約一年で回る。　　● ☐　■ ☐　◆ ☐

③ 栄◆のある食事をとる。　　◆ ☐

④ ■育て使う◆具を、●人て準備した。　　■ ☐　◆ ☐　● ☐

⑤ ●に雨がふってきたので、かさが必◆だ。　　● ☐　◆ ☐

⑥ チームの■長に選ばれた。　　■ ☐

⑦ 運動会で学●ごとに出番まで■機する。　　● ☐　■ ☐

教科書 166〜170ページ

↓うらのページにつづくよ

❸ 「論語」と「漢詩」について説明した次の文の□に合う言葉を後の⁝⁝⁝から選んで、記号を書きましょう。 20点（一つ4）

・「論語」は、中国の古代の思想家である①□と、その弟子たちの②□などを記録した書物である。日本にも古くから伝えられ、人々の③□や考え方に大きないきょうをあたえた。

・漢詩は、中国の詩で、もともとは④□だけで書かれたものである。日本は、古くから中国と交流があり、漢詩などの文化にも親しんできた。「⑤□」は、最もよく知られた漢詩の一つである。

> ア　漢字　　イ　生き方　　ウ　孔子　　エ　春暁　　オ　問答

❹ 次は、①「論語」の一部と、②「春暁」です。──線の言葉の意味を、現代語の中からぬき出しましょう。 10点（一つ5）

教168ページ4行〜6行

① 子曰はく、「己の欲せざる所は、人に施すこと勿かれ。」と。
　　孔子は言った。「自分が人からされたくないと思うことを、他人に対してしてはならない。」と。

（　　　　　　　　　　　　　）

教169ページ5行〜11行

② 春眠暁を覚えず
　処処啼鳥を聞く
　夜来風雨の声
　花落つること知る多少
　　春のねむりは気持ちがよくて、朝になったのも気づかなかった。あちこちで鳥の鳴く声が聞こえてくる。昨日の夜は雨や風の音がしていたが、花はどのくらい散ってしまっただろうか。

（　　　　　　　　　　　　　）

◎漢字の広場④

❺ ──線の言葉を、漢字を使って書きましょう。 12点（一つ3）

① あいち県とひょうご県に行く。

② おおさかからふくおか県へ向かう。

固有種が教えてくれること
カンジー博士の暗号解読
漢字の広場④

◎ カンジー博士の暗号解読

1 次の●◆■★には、それぞれ同じ読み方の漢字が入ります。当てはまる漢字を下に書きましょう。

42点(1つ2)

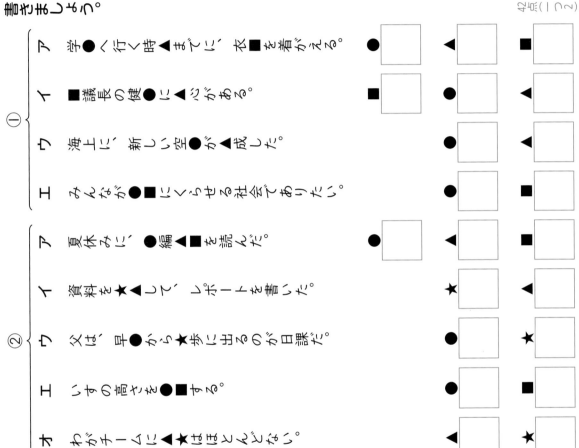

①
- ア 学●く行く時、◆までに、衣■を着がえる。　● ◆ ■
- イ ■議長の使●に、◆心がある。　■ ● ◆
- ウ 海上に、新しい空●が◆成した。　● ◆
- エ みんなが●■にくらせる社会でありたい。　● ■

②
- ア 夏休みに、●編◆■を読んだ。　● ◆ ■
- イ 資料を★◆して、レポートを書いた。　★ ◆
- ウ 父は、早●から★歩に出るのが日課だ。　● ★
- エ いすの高さを●■する。　● ■
- オ わがチームに◆★はほとんどない。　◆ ★

◎ 漢字の広場④

2 ──線の言葉を、漢字を使って書きましょう。

12点(1つ2)

① ぐんま県やとちぎ県は関東だ。

② 旅行でぎふ県ややまなし県をたずねる。

③ かごしま県やえひめ県の産業について調べる。

教科書 149〜170ページ　↓うらのページに続くよ！

3 次の文章を読んで、問題に答えましょう。

📖 教154ページ14行〜156ページ2行

では、現状はどうでしょうか。明治時代以降では、人間の活動が活発になり、森林の侵入や外来種の侵入が進みました。それによって、動物たちのすむ場所が消失するという問題が起こり、すでに絶滅したほ乳類もいます。最もよく知られているのは、本州・四国・九州に生息し、一九〇五年に記録されたものを最後に消息を絶ったニホンオオカミでしょう。二〇一二年には、ニホンカワウソの絶滅が宣言されました。ニホンリスも数が減少しており、すでに九州では絶滅したのではないかともいわれています。自然の作用ではなく、人間の活動によって、固有種が減ってきているのです。

この問題が分かってから、固有種などを天然記念物に指定したり、絶滅のおそれのある動植物を「絶滅危惧種」などとランク分けして、積極的な保護が行われてきました。例えばニホンカモシカは、一時は絶滅したのではないかとされ、「まぼろしの動物」とよばれるほどに減少しました。しかし、一九五五年に特別天然記念物として保護されるようになると再び増加し、一九八〇年ごろには、全国におよそ十万頭にまで増えました。保護したことが、よい結果を生んだのです。

（今泉忠明「固有種が教えてくれること」より）

明治時代以降の日本で、固有種はどうなったのかな。

ヒント **3**(2) 文章中に挙げられている、具体的な動物名に注目しよう。

---

(1) 「動物たちのすむ場所が消失するという問題」が起こったのはなぜですか。 14点

（　　　　　　　　）

(2) 「すでに絶滅したほ乳類」を文章中から全てぬき出しましょう。 完答10点

（　　　　　　　　）

(3) 「積極的な保護」とは具体的にはどのようなことですか。次の□に当てはまる言葉を文章中からぬき出しましょう。 12点(1つ6)

に指定したり、

などのランク分けをしたりしたこと。

(4) 「よい結果」を次から一つ選んで記号を書きましょう。 10点

ア（　）再び増加し、一九八〇年ごろには、全国におよそ十万頭になったこと。

イ（　）数が再び増加し、特別天然記念物ではなくなったこと。

ウ（　）数があまり変わらず、天然記念物に定められたこと。

やせがまん――アンパンマンの勇気
あなたは、どう考える
季節の言葉4　冬の朝

◎やせがまん――アンパンマンの勇気\あなたは、どう考える

1 次の――線の漢字の読み仮名を書きましょう。　16点(一つ2)

（　　　　　）　　（　　　　　）　　（　　　　　）　　（　　　　　）

① 夫婦　　② 救う　　③ 墓　　④ 殺す

（　　　　　）　　（　　　　　）　　（　　　　　）　　（　　　　　）

⑤ 貧しい　　⑥ 出版社　　⑦ 述べる　　⑧ 仮に

◎あなたは、どう考える

2 意見文を書くとき、主張をはっきりさせるために大切なことをまとめました。次の□に合う言葉を後の□□□から選んで、記号を書きましょう。　16点(一つ4)

・どうしてそう主張できるのか、①□□□とともに書き出す。

・根拠となる②□□□として、③□□□を思い出したり、図書館や④□□□で情報を調べたりする。

> ア　実際にあった出来事　　イ　事例　　ウ　インターネット　　エ　理由

◎季節の言葉4　冬の朝

3 次の文章は、何について書かれていますか。後から一つ選んで、○を付けましょう。　10点

教 190ページ6行～13行

冬はつとめて。雪の降りたるは言ふべきにもあらず。霜のいと白きも、またさらでもいと寒きに、火など急ぎおこして、炭持て渡るもいとつきづきし。昼になりて、ぬるくゆるびもていけば、火桶の火も白き灰がちになりてわろし。

（清少納言「枕草子」より）

冬は早朝がよい。雪が降っているのは言うまでもない。霜が真っ白なのも、またそうでなくても、とても寒いときに、火などを急いでおこして、炭を持ち運ぶ様子も、たいへん冬らしい。昼になって、寒さがやわらいでくると、火桶の中の火も白い灰が多くなってきて、よくない。

ア（　　）雪くの思い　　イ（　　）霜くの思い　　ウ（　　）冬についての思い

4 教科書の文章を読んで、問題に答えましょう。

音読 176ページ1行〜177ページ5行

戦争が終わってから……

……正しいことのはずだ。」

(1) 「正義とは何だろう」(176ページ1行)とありますが、戦争について、たかしはどう思っているのですか。次の□に当てはまる言葉を文章中からぬき出しましょう。 8点

なんていうものはない。

(2) 何が「あまりにむなしすぎる」(176ページ8行)というのですか。 15点

(　　　　　　　　　　)

(3) たかしは何を見て「はっとした」(176ページ12行〜13行)のですか。次の□に当てはまる言葉を文章中からぬき出しましょう。 16点(1つ8)

おさない兄弟が

を分け合って食べながら見せた

幸せそうな

。

(4) 「はっとした」(176ページ12行〜13行)とき、たかしは何に気づいたのですか。次から一つ選んで、○を付けましょう。 10点

ア（　）戦争は人を殺すざんこくなものであるということ。

イ（　）食べ物を分けてあげることが本当の正義だということ。

ウ（　）世界には自分よりももっと苦しんでいる人がいるということ。

(5) たかしが「どんなときも正しいことのはずだ」(177ページ4行〜5行)と考えているのは、どんな行動ですか。 9点

(　　　　　　　　　　)

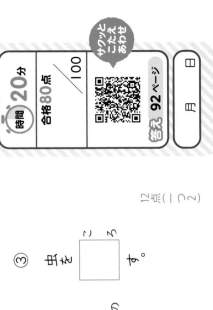

時間 **20**分
合格**80**点
／**100**
サクッと
こたえ
あわせ
答え **92**ページ

月 日

◉やなせたかし——アンパンマンの勇気＼あなたは、どう考える

1 次の□に合う漢字を書きましょう。 12点(1つ2)

① 人を□□(すく)う。

② □□(はか)に参る。

③ 虫を□□(ころ)す。

④ □□(ます)しい。

⑤ 本を□□□□(しゅっぱん)する。

⑥ 主張を□□(の)べる。

◉あなたは、どう考える

2 次の意見文を読んで、問題に答えましょう。

📖教187ページ12行〜19行

①優先席を空けていると、車内が混み合いやすくなるし、どの席でも ゆずるべき人にゆずればよいだけだ、と考える人もいるだろう。

②しかし、席を必要とする人の中にも、席をゆずってもらえない人がいる。例えば、見た目では分からない病気や障害のある人たちだ。こうした人たちは、優先席があると、安心できるのではないだろうか。

③このように、席を必要とする人がより多くすわれるよう、電車やバスの優先席は必要だと考える。

〈「あなたは、どう考える」より〉

どんな構成で書かれているのかな。

(1) この意見文の題名は何がよいですか。次の□に当てはまる言葉を書きましょう。 10点

「優先席があることで

□□□□(あんしん)できる人がいる」

(2) ①段落と②段落の内容をそれぞれ後から選んで、記号を書きましょう。 18点(1つ9)

① ①段落（　　）

② ②段落（　　）

ア 根拠　　イ まとめ

ウ 予想される反論　　エ 主張

オ 反論に対する考え

(3) 上の意見文に付け加えるべき内容があります。それは何ですか。(2)のア〜オから二つ選んで、付け加える順に記号を書きましょう。 10点

（　　）→（　　）

❸ 教科書の文章を読んで、問題に答えましょう。

📖⑱178ページ3行〜179ページ8行

たかしは五十四さいのとき……

……ヒーローに成長した。

(1) 「アンパンマンは、それまでのヒーローとはちがっていた。」(178ページ6行)とありますが、どのような点がちがうのですか。　10点

（　　　　　　　　　　　　　　　　）

(2) 「アンパンマンは最初、大人たちから評判が悪かった」(178ページ12行)のはなぜですか。　10点

（　　　　　　　　　　　　　　　　）

(3) 「アンパンマンは最初、大人たちから評判が悪かった」(178ページ12行)とありますが、このとき、たかしはどう思っていたのですか。次の□に当てはまる言葉を文章中からぬき出しましょう。　10点

正義を行うには、自分も ⬚⬚⬚⬚⬚ をかくごせねば

だと思っていた。

(4) たかしは「本当の勇気」(179ページ3行)はどんなときにわいてくるのだと考えていましたか。　10点

（　　　　　　　　　　　　　　　　）

(5) 「人気が出なくてもアンパンマンをかき続けた」(179ページ4行)後、どうなりましたか。次の□に当てはまる言葉を文章中からぬき出しましょう。　10点

アンパンマンは、はば広い世代に愛される ⬚⬚⬚⬚⬚ になった。

🔍ヒント ❸(1) 「ヒーロー」には、とにかく強いというイメージがあるね。

❶ ——線の漢字の読み仮名を書きましょう。

① 比（ ）べる　② 政治（ ）　③ 示（ ）す　④ 主張（ ）　⑤ 支（ ）える

⑥ 迷（ ）う　⑦ 独（ ）り　⑧ 検索（ ）　⑨ 提供（ ）　⑩ 余（ ）り

⑪ 仏（ ）　⑫ 貸（ ）す　⑬ 保（ ）つ　⑭ 妻（ ）　⑮ 禁止（ ）

⑯ 少女（ ）　⑰ 過程（ ）　⑱ 森林（ ）　⑲ 減少（ ）　⑳ 証人（ ）

㉑ 統計（ ）　㉒ 酸素（ ）　㉓ 教授（ ）　㉔ 博士（ ）　㉕ 山脈（ ）

❷ 次の□に合う漢字を書きましょう。

① せいとく　② きょうみ　③ りっか が出る。

④ じょうけん　⑤ ひょうか　⑥ いんさつ

⑦ しょうりゃく　⑧ ゆたか　⑨ ぶんぷ

⑩ どうか する。　⑪ せきにん　⑫ せってい

⑬ きそく　⑭ けつえき　⑮ きほん

3 次の場面では、どのような言葉づかいをするのがよいでしょうか。当てはまるものを後の□から選んで、記号を書きましょう。 10点(1つ2)

① 仲のよい友達とおしゃべりをするとき。　（　　　）
② 目上の人にお礼を伝える手紙を書くとき。　（　　　）
③ 商品をしょうかいするちらしを作るとき。　（　　　）
④ 駅で利用客に電車のおくれを伝えるとき。　（　　　）
⑤ ちいきに伝わる昔話を語るとき。　（　　　）

> ア 方言　　イ 共通語

4 例にならって、次の和語・漢語・外来語から意味のよく似た言葉を選び、三語のグループを三つ作りましょう。 9点(完答1つ3)

● 和語……幸せ・止める・明かり・飲み物
● 漢語……飲料・幸福・照明・停止
● 外来語…ストップ・ドリンク・ライト・ハッピー

例（ 幸せ・幸福・ハッピー ）　（　　　・　　　・　　　）

（　　　・　　　・　　　）（　　　・　　　・　　　）

5 次の●◀■には、それぞれ同じ読み方の漢字が入ります。当てはまる漢字を下に書きましょう。 26点(1つ2)

① ア ●動車を解体して、◀利用する。
　 イ ◀近は、深■まで営業している店が多い。
　 ウ ●元でとれた■菜を料理に使う。

② ア 正月は●せちに会えるよい◀会だ。
　 イ ●体の■長を◀録しておく。
　 ウ 二十■◀の歴史から学ぶことは多い。

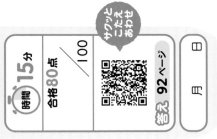

好きな詩のよさを伝えよう
言葉でスケッチ／熟語の読み方
漢字の広場⑤

時間 15分　合格80点　/100　答え 92ページ

月　日

◎言葉でスケッチ

1 情景が伝わるように書くために大切なことをまとめました。次の□に当てはまる言葉を後の□□から選んで、記号を書きましょう。　12点(1つ4)

・人物の行動や会話、 ① □ を想像して、言葉を書き出す。

・たとえや、 ② □ で様子を表す言葉を使うなど、表現を ③ □ する。

> ア 工夫　イ 場面の様子　ウ 音のひびき

◎熟語の読み方

2 次の──線の漢字の読み仮名を書きましょう。　20点(1つ2)

① 飼育（　　　）　② 綿毛（　　　）　③ 居間（　　　）　④ 永久（　　　）

⑤ 消毒（　　　）　⑥ 八百屋（　　　）　⑦ 果物（　　　）　⑧ 迷子（　　　）

⑨ 虫眼鏡（　　　）　⑩ 防犯（　　　）

◎漢字の広場⑤

3 ──線の言葉を、漢字を使って書きましょう。　18点(1つ2)

① ぼくじょうのぶんを流れるあさい川。　　|　　|　　|

② ひやっかてんの角をうせつすると、陸上きょうぎじょうがある。　　|　　|　　|

③ こうさてんにはもくらいをしました そうこがある。　　|　　|　　|

4 次の詩を読んで、問題に答えましょう。

教 192ページ〜193ページ

蛇
シュベール=ルナール
岸田国士 訳

ながすぎる。

するめ
まど・みちお

とおとう
やじるしに なって
もどってる

うみは
あちらですかと…

ゆうぐれの松林
八木重吉

松はやしをのぞいたら
松はやしのなかのほうだけがあかるんでいる
ゆう陽がはれてうっとりとひかっている

ーばんみじかい抒情詩
寺山修司

なみだは
にんげんのつくることのできる
ーばん小さな
海です

(1)「蛇」の詩は、蛇のどんなところに注目しているのですか。 8点

( )

(2)「するめ」の詩で、「やじるし」とは、何のことですか。 8点

( )

(3)「するめ」の詩で、「もどってる」のは、どのような内容ですか。詩の中からぬき出しましょう。 7点

( )

(4)「ゆうぐれの松林」の詩で、「あかるんでる」のはなぜですか。 10点

( )がひかって
いるから。

(5)「ーばんみじかい抒情詩」の詩の題名にある「抒情詩」とは、どんな詩ですか。次からーつ選んで、○を付けましょう。 10点

ア( )心の動きを表現した詩。
イ( )自然の風景をよんだ詩。
ウ( )伝説を物語風にえがいた詩。

(6)「ーばんみじかい抒情詩」の詩では、「なみだ」を何にたとえていますか。 7点

( )

それぞれの詩の表現の特徴は何かな。

ヒント 4⑤「抒」は「のべ表す」という意味だよ。「情」は何を表すかな。

まとめ
ドリル6

32°

好きな話のよさを伝えよう
熟語の読み方
漢字の広場⑤

サクッと
こたえ
あわせ

時間 20分
合格80点 /100
答え 93ページ

月 日

◎ 熟語の読み方

1 次の□に合う漢字を書きましょう。

16点(1つ2)

① サルの ［しいく］ 。

② ［わたげ］ が飛ぶ。

③ ［えいきゅう］ に残る。

④ 手を ［しょうどく］ する。

⑤ ［えいぎょう］ を再開する。

⑥ ［ぼうはん］ ベル

⑦ 塾の ［こうし］ 。

⑧ ［せいりょく］ てきに活動する。

2 次の熟語は、どのような組み合わせですか。後の□から選んで、記号を書きましょう。

18点(1つ2)

① 雨具 （ 　 ）　② 本屋 （ 　 ）　③ 青空 （ 　 ）

④ 絵画 （ 　 ）　⑤ 居間 （ 　 ）　⑥ 場所 （ 　 ）

⑦ 足元 （ 　 ）　⑧ 道路 （ 　 ）　⑨ 毎年 （ 　 ）

```
ア 音読み＋音読み      イ 訓読み＋訓読み
ウ 音読み＋訓読み      エ 訓読み＋音読み
```

◎ 漢字の広場⑤

3 ——線の言葉を、漢字を使って書きましょう。

16点(1つ2)

① やさいばたけのそばには、みんがある。

② はくぶつかんは、ひくいが、歴史を感じさせるたてものだ。

③ からえつを出て、とほ十五分でもくてきちに着く。

4 次の詩を読んで、問題に答えましょう。

教192ページ〜193ページ

土　　　　　　　　三好達治

蟻が
蝶の羽をひいて行く
ああ
ヨットのやうだ

風をみた人はいなかった　　　岸田衿子

風をみた人はいなかった
風のとおったあとばかり見えた
風のやさしさも　怒りも
砂だけが教えてくれた

(1) 「土」の詩に出てくる虫を、詩の中から全てぬき出しましょう。完答10点

（　　　　　　　　　　　）

(2) 「土」の詩の「ああ」には、どのような気持ちがこめられていますか。次から一つ選んで、○を付けましょう。10点

ア（　　）悲しさ

イ（　　）感動

ウ（　　）おそろしさ

(3) 「土」の詩の「ヨットのやうだ」は、何をたとえたものですか。次の□に当てはまる言葉を、詩の中からぬき出しましょう。10点(1つ5)

□にひかれて行く

□□□の様子。

(4) 「風をみた人はいなかった」の詩の「風のやさしさも　怒りも／砂だけが教えてくれた」とは、どういうことですか。次の□に当てはまる言葉を、詩の中からぬき出しましょう。20点(1つ10)

弱い風や強い風のふいた

□□が□に残る

ということ。

ヒント　4(3) 出てくる虫のすがたを思いうかべてみよう。

想像力のスイッチを入れよう (1)

❶ 次の——線の漢字の読み仮名を書きましょう。　8点(1つ2)

（　　　　）　（　　　　）　（　　　　）　（　　　　）
① 習慣　　② 周囲　　③ 不利益　　④ 災害

❷ 次の——線の言葉の意味をそれぞれ選んで、○を付けましょう。　16点(1つ4)

① 形を推測する。
　ア（　）大きさや長さをはかること。
　イ（　）こうだときっぱり決めること。
　ウ（　）多分こうだろうと考えること。

② コーチを辞任する。
　ア（　）役目につくことを断ること。
　イ（　）役目につくことを先のばしにすること。
　ウ（　）役目や仕事を自分からやめること。

③ 仕事をキャンセルする。
　ア（　）約束をいくつもすること。
　イ（　）約束を取り消すこと。
　ウ（　）約束を取り付けること。

④ 架空の話をする。
　ア（　）想像でつくり上げたこと。
　イ（　）実際にあったこと。
　ウ（　）事実と想像が入りまじっていること。

「キャンセル」は、「予約をキャンセルする」などとも使うよ。

❸ メディアとの付き合い方について適切なものを次から二つ選んで、○を付けましょう。　16点(1つ8)

　ア（　）どのメディアを使っても同じ情報なので、特定のメディアだけを使う。
　イ（　）メディアによって伝え方がちがうので、同時に複数のメディアを使う。
　ウ（　）情報を得たら、まずは発信元を確かめたり、別の情報と比べたりする。
　エ（　）情報が事実であれば、どんなものでも不特定多数の人に向けて発信する。

④ 次の文章を読んで、問題に答えましょう。

教 200ページ1行～201ページ3行

　学校のマラソン大会で、あなたが十位に入ったとしよう。あなたの前回のマラソン大会の結果は、五位だったとする。順位が下がったあなたは、こう言うだろう。

「前回より、五位も下がってしまいました。」

　しかし、先生はこう言うかもしれない。

「でも、三十秒もタイムがちぢまっていますよ。」

　このように、同じ出来事でも、何を大事と思うかによって、発信する内容がずいぶんちがってくる。

　これは、学校や家庭での会話だけで起こることではない。わたしたちは、テレビやインターネット、新聞など、さまざまな手段で世の中の情報を得ている。こうした手段のことを「メディア」というが、これらメディアから発信される情報もまた、事実の全ての面を伝えることはできない。それぞれのメディアは、大事だと思う側面を切り取って、情報を伝えているのである。

〈下村健一「想像力のスイッチを入れよう」より〉

マラソン大会について、どのような表現のしかたがあるでしょう。

(1) 「しかし」と同じ働きをもつつなぎ言葉を次から一つ選んで、〇を付けましょう。　10点

ア（　　）それで

イ（　　）ところで

ウ（　　）けれども

(2) 「結果」とありますが、次の言葉は、結果のうち、何に対して出てきたものですか。それぞれ、二字と三字でぬき出しましょう。　20点(一つ10)

① 「五位も下がってしまいました。」

② 「三十秒もタイムがちぢまっていますよ。」

(3) 「これ」は、何を指していますか。　15点

（　　　　　　　　　　　）

(4) 「これらメディアから……伝えることはできない」とありますが、それでは、メディアはどのようにして情報を伝えているのですか。　15点

（　　　　　　　　　　　）

 ④③ 直前の段落の内容からまとめよう！

きほんドリル 6

34 想像力のスイッチを入れよう (2)
複合語

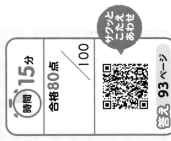

時間 15分
合格80点
／100

答え 93ページ

月 日

◎複合語

1 次の——線の漢字の読み仮名を書きましょう。 24点(1つ2)

① 魚市場（　　）　② 枝分かれ（　　）　③ 消費税（　　）　④ 衛星（　　）

⑤ 農耕（　　）　⑥ 損害保険（　　）　⑦ 雪合戦（　　）　⑧ 粉ミルク（　　）

⑨ 平均（　　）　⑩ 輸入（　　）　⑪ 少年団（　　）　⑫ 事務（　　）

2 複合語の特徴をまとめました。文の□に合う言葉を後の⎡⎤から選んで、記号を書きましょう。 12点(1つ3)

・⎡①　　⎤を結び付けて、一つの長い複合語を作ることができる。

・結び付いている言葉の⎡②　　⎤を取るなどして、それをつないだ形で用いられることがある。

・複合語になるとき、元の言葉と⎡③　　⎤が変わることがある。

・複合語になるときに、元の言葉と⎡④　　⎤の高さが変わることがある。

⎡ ア 音　 イ いくつもの言葉　 ウ 最初の文字　 エ 発音 ⎤

3 例にならって、次の言葉を二つの言葉に分けましょう。 24点(完答1つ3)

例 取り出す （取る＋出す）

① 窓ガラス（　　＋　　）　② 紙風船（　　＋　　）

③ カーテンレール（　　＋　　）　④ 回転ドア（　　＋　　）

⑤ 走り回る（　　＋　　）　⑥ 食べ始める（　　＋　　）

⑦ 細長い（　　＋　　）　⑧ 暑苦しい（　　＋　　）

4 次の文章を読んで、問題に答えましょう。

📖教203ページ9行〜204ページ10行

「Aさんは、来月から予定していた外国での仕事を、最近、キャンセルした。」

この表現には、印象は混じっていない。だから、これは事実として、かんとく就任の有力な情報であるように感じられるだ。が、ここで「他の見方もないかな」と想像してみよう。その仕事は、相手側の都合で急にキャンセルせざるをえなかったのかもしれない。他の見方もありうることに気づけば、この事実もまた、Aさんが次のかんとくにちがいないと考える決め手にはならないのである。

さらに大切なのは、メディアが伝えたことについて冷静に見直すだけでなく、伝えていないことについても想像力を働かせることである。メディアは、ある出来事の特定の部分にスポットライトを当てて、われわれたちに情報を伝えている。明るいスポットライトの周囲には、必ず、見えない暗がりができる。その暗がりに「何がかくれているかな」と想像することも大切だ。この報道の場合、Aさんにばかりスポットライトが当たっていたら、「他の人がかんとくになる可能性はないのか。」と想像してみよう。具体的に別のかんとくという人を思いうかべられなくても、頭の中に、Aさん以外の可能性を残すことである。先ほどの図でいえば、図③を想像できなくても、図①や図②で、「円」や「四角形」の反対側に別の何かがかくれているかもしれないと考えてみることが大切なのだ。

（下村健一「想像力のスイッチを入れよう」より）

（1）「これは事実として……感じられる」のはなぜですか。　10点

（　　　　　　　　　　　）

（2）「他の見方」とは具体的にどのようなものですか。文章中から一文でぬき出しましょう。　7点

（　　　　　　　　　　　）

（3）筆者は、メディアが伝える報道に対する態度として大切なことを二つ挙げています。文章中の言葉を使って書きましょう。　16点（一つ8）

（・　　　　　　　　　　）

（・　　　　　　　　　　）

（4）「この報道」とは「サッカーの人気チームでかんとくが辞任することになり、Aさんが新しいかんとくになるのではないかと注目が集まっている。」というものです。では、「見えない暗がり」とは、この場合、何を指していますか。文章中の十四字の言葉をぬき出しましょう。　7点

きほんのドリル 35 言葉を使い分けよう／もう一つの物語

時間15分　合格80点　／100

サクッとこたえあわせ

答え 94ページ

月　日

◎言葉を使い分けよう

❶ 言葉を使い分けるときに気をつけることをまとめました。次の□に合う言葉を後の[____]から選んで、記号を書きましょう。　25点(一つ5)

- 言葉を選ぶときは、[①]に立って、理解しやすい表現をさがす。
- 言い方を変えるときは、[②]に向けて、どんな場面で伝えるのかを意識する。
- [③]に気をつける。
- ふつうの言い方と、ていねい語や[④]、[⑤]とを、適切に使い分ける。

> ア 尊敬語　イ 相手の立場　ウ けんじょう語
> エ 文末表現　オ だれ

❷ 次の場面では、どのように話すのがふさわしいですか。適切なものをそれぞれ選んで、○を付けましょう。　10点(一つ5)

① 一年生に向けて、お知らせを伝えるとき。
　ア（　）色えんぴつを持参しなさい。
　イ（　）色えんぴつを持ってきてね。
② 全校生徒に向けて、お知らせを伝えるとき。
　ア（　）アンケートは明日までに出してください。
　イ（　）アンケートは明日までに出してね。

◎もう一つの物語

❸ 物語の構成を考えるうえで大切なことをまとめました。次の□に合う言葉を後の[____]から選んで、記号を書きましょう。　15点(一つ5)

- 読む人に[①]を意識し、出来事とその解決を中心に、物語全体のどこに何を書くかを考える。
- 構成がどんな[②]を生むか考える。
- 設定と出来事、解決、[③]などが、うまくつながるようにする。

> ア 効果　イ どう感じてほしいか　ウ 結末

教科書 213〜221ページ

→ 96のページに続くよ！

69

二人の関係は、「大親友」と書かれているですね。

〈「もう一つの物語」より〉

そのうちに、二人はいそいで照らし合い、気持ちの歩みよりになったのでしょう。二人は大親友になり、仲よく過ごしました。

その後、二人は明るくほがらかに言い合えるようになったのでした。……

それからというもの、二人はたがいにおたがいをはげましながら歩いていくのでした。「いっしょにがんばろう。」

……

二人は、君のくやしそうな顔を見て、そっと手当てをしてくれたのです。……

二人はべそをかくように泣きそうになっていました。

「――だいじょうぶ。」

すると、足音が近づいて、足音を変な音を立てていました。……

「勝った！」と思うやいなや、君はゴールの間近に見えたのですが、足音を強く変な音を立てて見たのです。……

ある日、ふと足音を聞いたことがあったのです。別の物語が勝つという物語があるのです。

そして、あなたを見てしまいました。……

それでも、最後まで、おさななじみが勝つことを「もう一つの物語」にしていました。

昔々、あるところに、二人のおさななじみがいました。実は、この二人はライバルで、別のおさななじみが勝つことを「もう一つの物語」にしていたのです。

もう一つの物語　塩谷由奈

4 次の文章を読んで、問題に答えましょう。
教20ページの21行

---

(5) 二人のにぎりこぶしは、どういう関係を表していますか。一文にして書きましょう。
初めの情景を使って、五字でぬき出しましょう。（15点 5つ1）

（　　　）が（　　　）をして
（　　　）が（　　　）をして
（　　　）を強く（　　　）。

(4) ここでいう「きっかけ」にいちばん当てはまる出来事は何ですか。次の（　）に当てはまる言葉を書きましょう。（10点）

□

(3) この物語の設定について、当てはまる言葉をぬき出しましょう。次の□の前書きに当てはまる言葉を書きぬきましょう。（5点）

□□□□□

(2) この物語の前書きは、何文字でできていますか。点も数えてぬき出しましょう。（句読点、終わり）（5点）

□□□□□

(1) この書かれている文章は、何という物語を元に書いていますか。（5点）

きほんの
ドリル 36

「子ども未来科」で何をする

時間 15分　合格80点　／100

サクッと
こたえ
あわせ

答え 94ページ

月　日

1 次の——線の言葉の意味をそれぞれ選んで、○を付けましょう。　18点(一つ6)

① 伝統を守る。

ア（　）事実として信じられ、古くから語りつがれてきた話。

イ（　）ある集団のなかで昔から受けつがれてきたことがら。

ウ（　）その社会で必ず守らなくてはならない決まり。

② 多様性を受け入れる。

ア（　）さまざまな種類や傾向のものがあること。

イ（　）各自が勝手に考えて行動すること。

ウ（　）通常とはまったくちがう考え方をすること。

③ 森林を保全する。

ア（　）大切に育てること。

イ（　）全てを正常な状態に保つこと。

ウ（　）きけんから守り、安全にすること。

2 現状について調べたり、根拠となる情報を集めたりします。次の方法が適すること
を後の　　から選んで、記号を書きましょう。　12点(一つ3)

① インタビューをする。（　）　② インターネットで検索する。（　）

③ アンケートを取る。（　）　④ 本や新聞を読む。（　）

> ア 身の回りの情報を集めること　　イ 一般的な事実を調べること

3 スピーチする内容を事実と意見に区別するとき、次の内容はどれに当たりますか。
当てはまるものを下の　　から選んで、記号を書きましょう。　16点(一つ4)

① 課題の分析（　）　② 現状の課題（　）

③ 根拠（　）　④ 提案（　）

> ア 事実
> イ 意見

事実と意見は、伝えると
きの文末がちがうね。

→ 70・71ページに続くよ！

教科書 222〜226ページ

❹ 次のスピーチを読んで、問題に答えましょう。

教225ページ2行〜17行

ぼくは、「子ども未来科」で、農業について学び、体験することを提案します。

みなさんは、食品ロスという言葉を知っていますか。食品ロスとは、まだ食べられるのにすてられてしまう食品のことです。こちらのグラフを見てください。令和元年度の日本の食品ロスは、なんと五七〇万トンにもおよびます。そして、その約四十六パーセントは、家庭で出ているのです。よりよい未来のためには、この食品ロスを、みんなで減らしていくことが大切だと考えました。

ここで、みなさんに質問です。みなさんは、食べ物を大切にすべきだと思いますか。そうですよね。食べ物を大切にすべきということは、だれでも知っているんです。それでも実際に、これだけの食品ロスが発生しているのはなぜでしょうか。それは、食べ物が大切だということの理解に、実感がともなっていないからだと思います。

ぼくは、今年の五月に、田植えの体験をしました。単になえを植えるだけだと思っていましたが、やってみると、これが想像以上に大変でした。長時間、こしをかがめてやらないといけないし、きちんと垂直に植えられません。今は機械を使うことが一般的だそうですが、それでも農家の方によれば、ぼくが体験したのは農作業のほんの一部で、米ができるまでの間、毎日さまざまな作業をするのだそうです。ぼくは、このとき初めて、農作物を育てることがいかに大変かを知りました。

〈「『子ども未来科』で何をする」より〉

(1) このスピーチで提案していることは何ですか。 10点

（　　　　　　　　　　）

(2) 「こちらのグラフ」から、どのようなことが分かりましたか。□に当てはまる言葉を書きましょう。 24点(一つ8)

令和元年度の日本の

は、

トンにもおよび、

そのうちの約四十六パーセントが

から出ているということ。

(3) このスピーチでは、食べ物を大切にできない原因はどのようなことだと分析していますか。 10点

（　　　　　　　　　　）

(4) 「田植えの体験」から分かったことは何ですか。次から一つ選んで、〇を付けましょう。 10点

ア（　）農作物を育てるための作業は少ないということ。

イ（　）農作物を育てるのは想像以上に大変だということ。

ウ（　）機械を使えば農作業が簡単になるということ。

想像力のスイッチを入れよう
複合語

◎想像力のスイッチを入れよう／複合語

1 次の□に合う漢字を書きましょう。　18点(1つ2)

① しゅうかん □□ づける

② しゅうい □□ を見る。

③ 自然 さいがい □□

④ しょうひぜい □□□□

⑤ のうこう □□ 地帯

⑥ ぜんがい □□

⑦ こな □ ミルク

⑧ くいきん □□ 気温

⑨ しょうねんだん □□□□

◎複合語

2 次の複合語は、どのような組み合わせですか。後の□から選んで、記号を書きましょう。(前後の順は関係ありません。)　24点(1つ2)

① 田園都市 (　)
② 草野球 (　)
③ 紙ナプキン (　)
④ カレーライス (　)
⑤ サッカー場 (　)
⑥ 遊び場所 (　)
⑦ かれ枝 (　)
⑧ 星形 (　)
⑨ けしゴム (　)
⑩ スキー合宿 (　)
⑪ 提出期限 (　)
⑫ テレビゲーム (　)

> ア 和語＋和語
> イ 漢語＋漢語
> ウ 和語＋漢語
> エ 漢語＋外来語
> オ 和語＋外来語
> カ 外来語＋外来語

3 次の二つの言葉を複合語にしたときの読み方を、平仮名で書きましょう。　12点(1つ2)

① 白＋雪 (　　　　　　)
② 悪＋口 (　　　　　　)

③ 船＋底 (　　　　　　)
④ 泣く＋顔 (　　　　　　)

⑤ 雨＋水 (　　　　　　)
⑥ 落ちる＋葉 (　　　　　　)

メディアとは、どのようなものかな。

〈「想像力のスイッチを入れよう」下村健一〉

だから、いざという時がやってくる。メディアを通して入ってくる情報について、あなたは自分の想像力を働かせて、一つ一つ判断していかなければならない。

メディアは、それぞれに工夫して情報を伝えようとしている。だれかにとって都合のよいように、実際に起こったこととちがう報道がなされたりすることもある。

だからこそ、あなたは、冷静に見直したり、想像力を働かせたりして、小さい景色を大きな景色に変えていくのだ。あなたの努力によって、だれかが不利益を受けたり、だれかが不利益を受けたりすることを防ぐことができるのだ。

あなたは、「想像力のスイッチ」を入れることで、大きな景色を考えられるようになる。自分の判断ができるようになるのだ。

結局、サッカーチームＡのかんとくがＡさんになるかどうかは、その記事が出た時点では、まだ分からないことだったのである。Ａさんになるかどうかは、サッカーチームＡとの関係から、多くの方面でＡさんは注目されている人だからである。別の局、別のニュースでは、Ａさんが次のかんとくに選ばれるという見出しが出ていたかもしれない。

◎想像力のスイッチを入れよう

⤵ 次の文章を読んで、問題に答えましょう。

教科書 204ページ11行〜205ページ9行

(1) 「だれかが不利益を受けたりする場合」とありますが、それはだれがどうすることによって起こるのですか。13点

（　　　　　　　　　　　　　　　）

(2) 「思いこみ」という表現がありますが、それはどういうことを指していますか。13点

（　　　　　　　　　　　　　　　）

(3) 筆者は、情報を受け取る側の人が、どうすることが必要だと考えていますか。文章中から十四字でさがし、次の文に合うように書きましょう。（句読点や符号も字数に数えます。）10点

(4) 筆者の主張を次のようにまとめました。最も適切なものに○を付けましょう。10点

ア（　）情報を発信する側よりも、受け取る側のほうが信用できる。

イ（　）メディアの報道は全て信用してよい。

ウ（　）はみ出したアイディアが多く、情報を冷静に判断することだ。

大造じいさんとガン (1)

❶ 次の――線の漢字の読み仮名を書きましょう。　18点(1つ3)

① 愉快（　　）　② 燃える（　　）　③ 率いる（　　）　④ 頭領（　　）

⑤ 指導（　　）　⑥ 堂々（　　）

❷ 次の――線の言葉の意味をそれぞれ選んで、○を付けましょう。　12点(1つ4)

① 会心のえみをうかべる。
ア（　）楽しくて気持ちがよいこと。
イ（　）思い通りになって満足すること。
ウ（　）物事を終えてほっとすること。

② 最期の時をむかえる。
ア（　）一日の終わり。
イ（　）物事の終わり。
ウ（　）命の終わり。

「最期」は、「最後」とはちがう言葉だよ。

③ スモモの花がらんまんとさく。
ア（　）美しくさきみだれる様子。
イ（　）四方八方に生いしげる様子。
ウ（　）次々にさいていく様子。

❸ 次の□に当てはまる言葉を後の□□□から選んで、記号を書きましょう。　24点(1つ4)

① じいさんは、□子どものように声を上げて喜びました。
② □鳥のことだ、一晩たてば、また来るにちがいない。
③ 残雪のかしこさを、□感じた。
④ 今では、□じいさんになついていた。
⑤ □頭領らしい、堂々たる態度のようだった。
⑥ □頭領としてのいげんをきずつけまいと努力しているようだった。

ア いかにも　イ 思わず　ウ せめて
エ だが　オ すっかり　カ 今までのように

「残雪」は、けっして消えずに残っている雪のことだよ。

次の文章を読んで、問題に答えましょう。

229ページ9行〜230ページ11行

残雪と大造じいさんの関係を読み取ろう。

〈椋鳩十「大造じいさんとガン」による〉

今年も、残雪は、ガンの群れを率いて、ぬま地にやって来ました。

残雪というのは、一羽のガンに付けられた名前です。左右のつばさに、真っ白な交じり毛をもっていたので、かりゅうどたちからは、そうよばれていました。

残雪は、このぬま地に集まるガンの頭領らしい、なかなかりこうなやつで、仲間がえをあさっている間も、油断なく気を配っていて、りょうじゅうのたまのとどく所まで、人間を寄せつけませんでした。

そのために、ここ二、三年、一羽のガンも手に入れることができなくなったので、大造じいさんは、たいへんくやしく思っていました。

そこで、残雪がぬま地にやって来たと知ると、大造じいさんは、今年こそはと、はりきっていました。

今年もまた、ぬま地にやって来た残雪をなんとかして、手に入れたいと考えた大造じいさんは、特別な方法を考え付きました。

いつものえさ場に、たにしを付けたつりばりを、たくさんばらまいておくという方法です。

(1) 「残雪」とは、何ですか。　8点

「残雪」は、ガンの　　　に付けられた名前です。

(2) 残雪は、どんなガンですか。次の段落から、十字でぬき出しましょう。（5点1つ）

・ぬま地に集まるガンの　　　。

・なかなか　　　なやつ。

[　　　　　　]10

(3) 「頭領」の意味を次から一つ選んで、○を付けましょう。　6点

ア（　）親。

イ（　）仲間。

ウ（　）頭。

(4) 大造じいさんは、どんな残雪をなんとかしたいと思っていたのですか。　8点

(5) 「今年こそは」のあとに続く言葉として正しいものを次から一つ選んで、○を付けましょう。　8点

(6) 「特別な方法」とは、どんな方法ですか。　6点

ア（　）ぬま地を手に入れる場を見つける方法。

イ（　）ぬま地をしめす方法。

ウ（　）残雪をしとめる方法。

76

◉大造じいさんとガン

1 次の——線の言葉の意味をそれぞれ選んで、○を付けましょう。　16点(1つ4)

① 残雪をいまいましく思う。
ア（　）たよりに思う。
イ（　）悲しく思う。
ウ（　）腹立たしく思う。

② 「はてな。」と首をかしげる。
ア（　）断る。
イ（　）疑問に思う。
ウ（　）納得する。

③ 昨日の失敗にこりる。
ア（　）失敗したことをなかったことにする。
イ（　）同じ失敗を何度もする。
ウ（　）同じことは二度とするまいと思う。

④ 案の定、そこに集まっている。
ア（　）予想したとおりに。
イ（　）予想に反して。
ウ（　）思ってもいなかったことに。

「首をかしげる」のはどんなときかな。

2 次の□に当てはまる言葉を後の　　から選んで、記号を書きましょう。　16点(1つ4)

① □□□　考えておいた特別な方法。
② □　どうしたというのか。
③ 一年ぶりで、□□□残雪がやって来る。
④ ガンの群れがやって来て、□□、えさ場に下りて来た。

> ア いつも　イ かね　ウ いよいよ　エ やがて

◉漢字の広場⑥

3 ——線の言葉を、漢字を使って書きましょう。　6点(1つ2)

・しぜんの中のせっけいに感動してな。

↓うらの ページに つづくよ→

❹ 次の文章を読んで、問題に答えましょう。

📖 240ページ6行〜242ページ1行

じいさんは、ピュ、ピュ、ピュと口笛をふきました。

こんな命がけの場合でも、飼い主のよび声を聞き分けたとみえて、ガンは、こっちに方向を変えました。

ハヤブサは、その道をさえぎって、パーンと一けりけりました。

ぱっと、白い羽毛があかつきの空に光って散りました。ガンの体はななめにかたむきました。

もう一けりと、ハヤブサがこうげきの姿勢をとったとき、さっと、大きなかげが空を横切りました。

残雪です。

大造じいさんは、ぐっとじゅうをかたに当て、残雪をねらいましたが、なんと思ったか、再びじゅうを下ろしてしまいました。

残雪の目には、人間もハヤブサもありませんでした。ただ、救わねばならぬ仲間のすがたがあるだけでした。

いきなり、てきにぶつかっていきました。そして、あの大きな羽で、力いっぱい相手をなぐりつけました。

不意を打たれて、さすがのハヤブサも、空中でふらふらとよろめきました。が、ハヤブサも、さるものです。さっと体勢を整えると、残雪のむな元に飛びこみました。

ぱっと、白い花弁のように、すんだ空に飛び散りました。

そのまま、ハヤブサと残雪は、もつれ合って、ぬま地に落ちていきました。

〈椋鳩十「大造じいさんとガン」より〉

(1)「大造じいさんは、ぐっと……下ろしてしまいました。」とありますが、大造じいさんは何を思ってそうしたのですか。次の（　）に当てはまる言葉を書きましょう。 20点(1つ10)

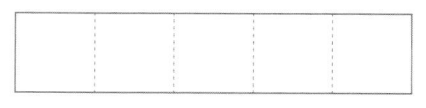（ ）が何をするの

か、もう少し

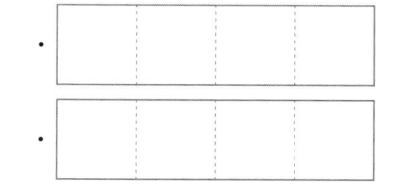

と思った。

(2) 残雪の立場から書かれている段落をさがして、初めの五字をぬき出しましょう。 10点

(3) ハヤブサの強さを表している四字の表現を、二つぬき出しましょう。 20点(1つ10)

・
・

(4) この文章の特色として適切なものを次から一つ選んで、○を付けましょう。 12点

ア（　）動きのある場面が目にうかぶようにえがかれている。

イ（　）登場人物の気持ちが細かく説明されている。

ウ（　）作者の気持ちが登場人物の行動に表されている。

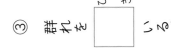

時間 20分　合格80点　／100　サクッとこたえあわせ　答え 95ページ　月 日

1 次の□に合う漢字を書きましょう。　12点(1つ3)

① 愉□になる。（かい）

② 火が□える。（も）

③ 群れを□いる。（ひき）

④ 先生の□□。（しじ）

2 次の文章を読んで、問題に答えましょう。

教科書 242ページ2行～243ページ2行

　大造じいさんはかけつけました。
　二羽の鳥は、なおも地上ではげしく戦っていましたが、ハヤブサは、人間のすがたをみとめると、急に戦いをやめて、よろめきながら飛び去っていきました。
　残雪は、むねの辺りをくれないにそめて、ぐったりとしていました。しかし、第二のおそろしいてきが近づいたのを感じると、残りの力をふりしぼってぐっと長い首を持ち上げました。そして、じいさんを正面からにらみつけました。
　それは、鳥とはいえ、いかにも頭領らしい、堂々たる態度のようでありました。
　大造じいさんが手をのばしても、残雪は、もうじたばたさわぎませんでした。それは、最期の時を感じて、せめて頭領としてのいげんをきずつけまいと努力しているようでもありました。
　大造じいさんは、強く心を打たれて、ただの鳥に対しているような気がしませんでした。

椋鳩十「大造じいさんとガン」より

(1) 「第二のおそろしいてき」とは、何のことですか。　10点

（　　　　　　　　）

(2) 「いかにも頭領らしい、堂々たる態度」とは、残雪のどのような行動から感じられたことですか。　10点

（　　　　　　　　）

(3) 大造じいさんは、残雪の何に「強く心を打たれた」のですか。次から一つ選んで、○を付けましょう。　10点

ア（　）頭領のいげんをきずつけまいとするりっぱさ。

イ（　）人間とも堂々と戦おうとする勇かんさ。

ウ（　）きずしく強かったにもかかわらず、きずついたあわれさ。

3 次の文章を読んで、問題に答えましょう。

📖教 243ページ4行～244ページ14行

残雪は、大造じいさんのおりの中で一冬をこしました。春になると、そのむねのきずも治り、体力も元のようになりました。

ある晴れた春の朝でした。

じいさんは、おりのふたをいっぱいに開けてやりました。

残雪は、あの長い首をかたむけて、ぜんに広がった世界におどろいたようでありましたが、

パッ。

快い羽音一番、一直線に空へ飛び上がりました。

らんまんとさいたスモモの花が、その羽にふれて、雪のように清らかに、はらはらと散りました。

「おうい、ガンの英雄よ。おまえみたいなえらぶつを、おれは、ひきょうなやり方でやっつけたかないぞ。なあ、おい。今年の冬も、仲間を連れてぬま地にやって来いよ。そうして、おれたちは、また堂々と戦おうじゃあないか。」

大造じいさんは、花の下に立って、こう大きな声でよびかけました。そうして、残雪が北へ北へと飛び去っていくのを、晴れ晴れとした顔つきで見守っていました。

いつまでも、いつまでも、見守っていました。

〈椋鳩十「大造じいさんとガン」より〉

(1) 「羽音一番」とは、どのような様子を表していますか。次から一つ選んで、〇を付けましょう。10点

ア（　）大きな羽音を一つ立てる様子。

イ（　）さっと飛びたつ様子。

ウ（　）羽の音をすっと立てる様子。

(2) 「英雄」と同じ意味で使われている四字の言葉を、文章中からぬき出しましょう。12点

(3) 「春」という言葉を使わずに「春」の情景を表している一文の初めの五字をぬき出しましょう。12点

(4) 大造じいさんが残雪を放してやった理由を次から一つ選んで、〇を付けましょう。12点

ア（　）いつまでもおりに入れておくのは、残雪に失礼だから。

イ（　）ひきょうなやり方ではなく、また堂々と戦いたいから。

ウ（　）残雪にどこか遠くへ行ってもらいたいから。

(5) 飛び去っていく残雪を見守る大造じいさんの表情を、文章中からぬき出しましょう。12点

（　　　　　　）

 **❸**(3) 春の光景が具体的に書かれているところをさがそう。

五年生で習った 漢字と言葉

時間 20分　合格80点　／100　答え 95ページ　月　日

① 次の──線の漢字の読み仮名を書きましょう。 25点(一つ1)

① 許可	② 構図	③ 準備	④ 報告	⑤ 俳句
⑥ 非常口	⑦ 鉱石	⑧ 夢中	⑨ 境界線	⑩ 主張
⑪ 迷う	⑫ 妻	⑬ 採集	⑭ 過程	⑮ 証人
⑯ 責任	⑰ 二酸化炭素	⑱ 血液	⑲ 夫婦	⑳ 移動
㉑ 述べる	㉒ 仮に	㉓ 習慣	㉔ 燃える	㉕ 率いる

② 次の□に合う漢字を書きましょう。 15点(一つ1)

① （そうぞう）を絶する。
② （ようこう）ぶ
③ （ふくすう）
④ （たし）かめる
⑤ （りゅうがくせい）
⑥ （ひょうげん）
⑦ （ちょうさ）
⑧ （ぼうふう）
⑨ （こうち）が高い。
⑩ （べんとうばこ）
⑪ 百人（あま）りの人。
⑫ 本を（か）す。
⑬ （ふたた）び会う。
⑭ （ゆにゅう）
⑮ （とうりょう）

3 次の漢字の成り立ちを後の □ から選んで、記号を書きましょう。 22点(一つ2)

① 性（　　） ② 竹（　　） ③ 好（　　）

④ 救（　　） ⑤ 末（　　） ⑥ 姉（　　）

⑦ 水（　　） ⑧ 天（　　） ⑨ 戸（　　）

⑩ 案（　　） ⑪ 森（　　）

> ア　目に見える物の形を、具体的にえがいたもの。
>
> イ　目に見えない事がらを、印や記号を使って表したもの。
>
> ウ　漢字の意味を組み合わせたもの。
>
> エ　音を表す部分と、意味をあらわす部分を組み合わせたもの。

4 次の──線の敬語の種類は何ですか。後の □ から選んで、記号を書きましょう。 10点(一つ2)

① これから音楽会を始めます。 （　　）

② お礼の言葉を申し上げます。 （　　）

③ 部長が、「おはよう。」とおっしゃいました。 （　　）

④ 市長がお話しになります。 （　　）

⑤ お客様をおむかえしましょう。 （　　）

> ア　尊敬語　　イ　けんじょう語　　ウ　ていねい語

5 次の──線の読み方をする漢字を、□ に合うように書きましょう。 16点(一つ2)

① コウエン
　ア　学者の □□ 会。
　イ　ベエの □□。

② カンセイ
　ア　□□ をみがく。
　イ　□□ を急ぐ。

③ キカン
　ア　消化 □□
　イ　工事 □□

④ ゲンショク
　ア　自然 □□
　イ　人口の □□。

6 例にならって、──の言葉を組み合わせて、一つの言葉を作りましょう。 12点(一つ2)

例　話す＋合う→（話し合う）

① 飛ぶ＋起きる →（　　　　　　）

② 当てる＋はめる→（　　　　　　）

③ 高い＋とぶ →（　　　　　　）

④ せまい＋苦しい→（　　　　　　）

⑤ 帰る＋道 →（　　　　　　）

⑥ くり＋拾う →（　　　　　　）

●ドリルやホームテストが終わったら、答え合わせをしましょう。
●まちがっていたら、必ずもう一度やり直しましょう。考え方も読み直しましょう。

1回 漢字のふく習 1~2ページ

❶ ①案内図 ②分類 ③配置 ④伝記
⑤要望 ⑥以内 ⑦順番 ⑧児童書
⑨事典 ⑩辞書 ⑪季節 ⑫最新
⑬司書

❷ ①戦争 ②英語 ③便利 ④借りる
⑤静か ⑥初めて ⑦参加 ⑧自然
⑨熱中 ⑩続ける ⑪特訓 ⑫苦労
⑬信念

❸ ①良好 ②無事 ③旗 ④努力
⑤祝賀会 ⑥必死 ⑦仲間 ⑧茨
⑨副隊長 ⑩残念 ⑪氏名 ⑫悲願
⑬卒業 ⑭働く ⑮府 ⑯変化

❹ ①固定 ②加熱 ③試験管 ④給食
⑤種 ⑥号令 ⑦一周 ⑧漁業
⑨方法 ⑩例題 ⑪底辺 ⑫楽器
⑬合唱 ⑭覚える ⑮焼く ⑯観察

2回 漢字のふく習 3~4ページ

❶ ①宮城 ②群馬 ③埼玉 ④神奈川
⑤新潟 ⑥岐阜 ⑦滋賀 ⑧奈良
⑨徳島 ⑩愛媛 ⑪岡山 ⑫長崎
⑬沖縄

❷ ①栃木 ②富山 ③山梨 ④福井
⑤熊本 ⑥鹿児島 ⑦街灯 ⑧両側
⑨目的地 ⑩牧場 ⑪浅い ⑫建物
⑬倉庫

❸ ①印刷 ②博物館 ③陸上 ④競
⑤百貨店 ⑥右折 ⑦改札 ⑧徒歩

⑨清流 ⑩野菜 ⑪低い ⑫松
⑬付近 ⑭議員 ⑮未来 ⑯大臣

❹ ①選挙 ②鏡 ③照明 ④公害
⑤課題 ⑥機械 ⑦完成 ⑧器官
⑨老人 ⑩浴びる ⑪満開 ⑫飛行機
⑬昨夜 ⑭協力 ⑮治す ⑯関心

3回 きほんのドリル 5~6ページ

❶ ①そうぞう ②けいけん
③しんじょう ④りんじょう
⑤ぜったい ⑥あつ
⑦しょうじょう ⑧ようじ
⑨りか ⑩ならよう
⑪きじゅつ ⑫ぶくすう

❷ (1)例 ともかとおくへいくこと。
(2)例 しらないまちをひとりで まえよりもひとりですきになるから。
(3)ア

❸ (1)例 文章を書くのが苦手だったから。
(2)全校朝会
(3)例 なんだか話しかけにくいから。

❹ ①7 ②8 ③2

考え方
❷ (2)直後に「かくれて」いた「しらないきもち」をし、「まえよりもっとすきになる」とあります。
(3)前に書かれている内容は「なかよくする」ということなので、「がっこう」が「そだ」てことは、「友情」がそだつことだと分かります。

❸
(1)ここでは、理緒が高橋さんについて もっている印象（先入観）について考 えます。理緒自身が文章を書くのが苦 手なので、作文コンクールで賞を取っ た高橋さんに引け目を感じ、このよう に思えてしまうのです。
(2)全校朝会で見たときと同じ様子に見 えた、ということです。
(3)理緒は、高橋さんに話しかけられな いので、右側のかべ心の中で話しか けています。

▶4 きほんのドリル 7〜8ページ

❶ ①ア ②ウ ③イ ④イ
❷ ①不満を　　　　いられない
　②言わずに　　　入れる。
　③つつみを　　　すます。
　④つんと　　　　ぶちまける。
❸ 例流星群を見る絶好の機会だ。
❹ (1)ウ
　(2)太陽・銀色
　(3)例こまったことがあっても、いやな ことがあっても、いいことはちゃん とあるんだ、ということ。
　(4)ア

考え方
❷ ②「言わず」は「言わない」の古い言 い方です。「言わずにはいられない」は 「言わないままではいられない」とい う意味です。
❹ (1)高橋さんは理緒に銀色の裏地の話を しようと思っているので、くもり空で あることが好都合なのです。
　(2)雲の上には太陽があって雲の上を照 らしているので、下から見たときの雲 の裏側は、雲の白さと交わって銀色に 見える、ということです。

(3)高橋さんは、おじちゃんが教えて くれた、今はくもっていても「ここに はちゃんとある」ということを、理 緒に伝えたかったのです。
(4)プレーパークに理緒を連れてきてい るので、自信がないわけではありません。

▶5 きほんのドリル 9〜10ページ

❶ ①こうず ②ちくりん ③しゅうふく
　④がんか ⑤てつや ⑥そうほ
　⑦じゅんび ⑧ほうえき
❷ ①田・山 ②三・下 ③鳴・明
　④想・銅　（順序なし）
❸ ①ウ ②イ ③エ ④ア
❹ ①漢字…上 漢字の成り立ち…イ
　②漢字…火 漢字の成り立ち…ア
　③漢字…信 漢字の成り立ち…ウ
❺ (1)ウ
　(2)山に近いところの空

考え方
❷ ③「鳴」は「口」と「鳥」、「明」は「日」 と「月」を組み合わせてできた漢字で す。④「想」は「相」の部分が音を「心」 の部分が意味を表しています。「銅」 は「同」の部分が音を、「金」の部分 が意味を表しています。
❹ ①「馬」「手」はア ②「二」「天」は イ ③「草」「板」はエの成り立ちです。
❺ この文章は、「枕草子」の最初の部分 です。作者の清少納言は、最初の一 章で四つの季節それぞれについての自 分の思いを書いています。ここは春に ついて書いた部分です。

▶6 きほんのドリル 11〜12ページ

❶ ①しもん ②ほうてい ③しょそく
　④たし ⑤らしゃ

2　①エ　②カ　③ア　④ウ　⑤オ
　　⑥イ　⑦キ
3　(1)山下さん
　　(2)イ
　　(3)うまく
　　(4)例 質問を変えた。
　　(5)正確・要点

考え方
2　聞き手、話し手、記録者のそれぞれに気をつけるべき点があります。
3　(2)直前で塩谷さんは、「野球を始めたのは、いつですか」と質問しています。
　　(5)インタビューの内容とは関係ありませんが、記録者についてもしっかりおさえておきましょう。

→7° まとめのドリル　13~14ページ
1　①印象　②厚　③賞状　④喜
　　⑤銅　⑥破　⑦貿易　⑧国際
　　⑨清潔
2　①ア　②イ　③ウ　④エ　⑤エ
　　⑥ウ　⑦ア　⑧イ
3　①音…求　意味…ヨ
　　②音…反　意味…ホ
　　③音…官　意味…ヘ
　　④音…寺　意味…キ
4　(1)イ
　　(2)おいて・こまって
　　(3)例 苦手なしいたけをまだ食べたことのない世界一おいしいものだと想像して食べたから。

考え方
2　⑦「臣」は、大きく見開いた人の目をえがいたものです。
4　(1)高橋さんは全然「うんうん」しておらず、おもしろくなかった。でも理緒はうんうんしている人だと思ってい

たことをまちがっていたとみとめたくなくて、すなおに喜びませんでした。
　　(3)高橋さんは直前で言ったことを、苦手なしいたけで実際にやっているのです。

→8° きほんのドリル　15~16ページ
1　①げんくん　②せつぶ　③まるた
　　④へく　⑤に　⑥かぎ
　　⑦りゅうがくせい　⑧ひょうけん
　　⑨ちょくせつ
2　①イ　②ウ　③ウ　④イ　⑤ア
3　(1)例 子どもは説明に出てくる言葉を知らないかもしれないから。
　　(2)さまざまな
　　(3)例 コップに似たものの例。
　　(4)一つ目の段落…ア
　　　　二つ目の段落…ウ

考え方
3　(2)直後に「しかし」とあり、コップには色や形、大きさなど「さまざまなもの」があるということが述べられています。
　　(3)「花びん」も「スープを入れる皿」も「コップ」に似ていてまぎらわしいものとして挙げられています。
　　(4)一つ目の段落では「小さな子どもに『コップ』の意味を教える」という話題を示し、二つ目の段落では一つ目の段落から分かったことをまとめています。

→9° きほんのドリル　17~18ページ
1　①イ　②ア　③ア　④イ
2　(1)例 あるものを別のものとして見るということ。
　　(2)想像力

(3)例ひもが作り出した形に名前がつけられること。

(4)(あや取りで)作った形・その名前でよばれている実在するもの

③(1)歯でくちびるをふんじゃった。

(2)自分が覚え

(3)ふむ(と)かむ(順じょなし)

(4)ふむ

(5)意味のはんい

考え方

①①② 「によって」の前が原因、後が結果になっています。

③④ 「それは」「なぜなら」の前が結果、後が原因になっています。

②(2)「想像力」についての筆者の考えをしっかり読み取ります。

③(2)「つまり」の言いまちがいの原因は、の後から読み取れます。

(5)(1)について、(2)で読み取った原因を「言葉の意味のはんいを広げすぎた」と言いかえています。

10 きほんのドリル 19~20ページ

①①おう ②おおぜい ③ひょうが

④れきし ⑤しんかんせん ⑥く

⑦にちじょう ⑧じゅんじょ

⑨こてん ⑩ぶし ⑪しりょう

⑫ちょうさ

②①ウ ②ア ③イ

③①十七 ②季語

④最新・案内・配置・便利

⑤①ウ ②イ ③エ ④ア

⑥①カ ②ウ ③ク ④ア ⑤キ ⑥エ ⑦オ ⑧イ

⑦①ウ ②ア ③イ

考え方

②敬語は、聞き手や状況に合わせて使い

分けます。特に尊敬語とけんじょう語のちがいに気をつけましょう。

11 きほんのドリル 21~22ページ

①①せいさく ②ひょうてき

③そうりょくせん ④いしゃ

⑤おうふく ⑥いいん

⑦しゅかん ⑧ひりょう

⑨しちょう ⑩ほうふ

⑪いっせい ⑫いっせい

②①イ ②エ ③ア ④ウ

③①量る ②測る ③計る ④覚める ⑤冷める

④①イ ②ア ③ア ④ア

⑤①イ ②ア ③ウ

⑥(1)ウ

(2)イ・ウ・オ・ク・コ

考え方

③① 「計る」は数量や時間を「はかる」とき、「量る」は重さや容積を「はかる」とき、「測る」は長さや面積を「はかる」ときに使います。

④② 「開放」は、だれでも利用できるようにすること、「解放」はそれまで自由をうばわれていた人を自由にすることです。例人質を解放する。

⑥(2)蛍の数は、多いのも少ないのも、どちらもよい感想を書いています。

12 まとめのドリル 23~24ページ

①①ア委員 イ医院

②ア指名 イ使命

③ア回転 イ開店

④ア名案 イ明暗

②(1)例それぞれの土地の生活とよりわりの深いものに見立てられたから。

(2)例わたしたちを育んでくれた自然や

生活。

(3)ウ

❸ ①歌いましょう ②おっしゃる
③うかがい ④行かれ

❹ (1)日本語では
(2)それは、英
(3)スープ

考え方

❷ (3)最後の段落で述べられている、「見立てるという行為」は、想像力にささえられているが、その想像力を生みだすのは、それぞれの地域の自然や生活なのだという筆者の考えを、しっかりつかんでおきましょう。

❸ ③については答えにはなりませんが、「参り」もけんじょう語の言い方です。④「いらっしゃっ（た）」のほうが敬意が強いですが、「れる（られる）」を使った表現も覚えておきましょう。

❹ (1)同じ一文の中に、日本語では「スープは『飲む』と表現することが多い」とあります。
(2)直後の一文で「〜が原因です」と理由が述べられています。
(3)同じ段落に、英語では「eat」という言葉を「スープに対しても使う」とあります。

13 きほんのドリル 25〜26ページ

❶ ①むちゅう ②たんぺんしゅう
③けん ④だんげん
⑤きょうかいせん ⑥かじ
⑦じたい ⑧ぎゃくほうこう
⑨ばん ⑩あつりょく

❷ ①ウ ②イ ③ア

❸ ①ウ ②ア ③ウ

❹ (1)イ

(2)ア

(3)例カメと会話することができること。

考え方

❹ (1)直前に、灰色の男の大軍が追跡し（ついせき）…ながしていると書かれています。
(2)カメについて、「今度はいつどこに追っ手が現れるかを、前もって正確に知っているようでした」と書かれています。
(3)カメが表す文字を読んでカメに話しかける形で、会話が成立しています。カメがこちらに文字をうつしてくれていたので、カメについていけたのです。

14 まとめのドリル 27〜28ページ

❶ ①夢中 ②短編集 ③険 ④断言
⑤境界線 ⑥事態 ⑦判 ⑧左右

❷ ①ア ②ウ ③イ ④イ

❸ (1)例さけんでも自分の声が聞こえないこと。
(2)水の中・ふいて・おし返す
(3)こうら
(4)例後ろ向きになって歩いている間、考えることや息をすることなど、何もかも逆向きになったから。

考え方

❸ (2)不思議な圧力という言葉の前、七行目からを読んでみましょう。
(3)モモの悲鳴を聞いたカメの行動は、直後に書かれています。こちらの言葉のおかげで、モモは進めるようになったのです。
(4)「そうしている間」とは、「モモが後ろ向きになって進んでいる間」です。この間に起こったことをとらえます。

16. きほんドリル 31〜32ページ

② (1) は〜がる (2) 空をあおぐ・葉を（順な）
四 (1) イ (3) ウ (4)
① は〜がる（順な）

考え方
⑤ 尊敬語は、「〜れる」「〜なる」などの言い方で、相手をうやまう気持ちを表します。
④ 「対照」は、二つのものを比べること。「対象」は、はたらきかける目当てとなる相手。
② 「中」は、いろいろな意味を表します。

⑤ ① 関（する） ② すな ③ たいへ ④ 対象
④ ① 関い ② すな ③ たいへ ④ 対象 ⑤ 相＋長
③ ① 金＋官＝管 ② 日＋生＝星 ③ 巾＋長
② ① 印象 ② 対 ③ 理解 ④ 内容 ⑤ 技術 ⑥ 総 ⑦ 適切 ⑧ 国際 ⑨ 清潔 ⑩ 往復 ⑪ 暴風 ⑫ 夢中 ⑬ 除 ⑭ 事態 ⑮ 圧力

---

15. 夏休みのホームテスト 29〜30ページ

① （読みがな 1〜25）

---

17. きほんドリル 33〜34ページ

① (2) 詩の
(4) 作者は自分の人生自分の最後に注目して、「草」に見立てている生きる命の大切さを伝えたかったのです。

考え方
(3) 緑の深い
(4) 草のいきをおえ／願な
(5) ウ

② （読みがな）

---

18. まとめのドリル 35〜36ページ

考え方
(2) 記事の内容によっては、報道記者の「感想」があらわれることもありますが、記事の内容に求められる人が客観性です。人は事は「感想」ではなく、ありのままに事実を伝えることが大切です。

⑥ ① イ ② ア ③ エ ④ ウ
⑤ ① 悪天候 ② 反省 ③ 節約 ④ 成功・失敗 ⑤ 必死・悲願 ⑥ 特訓
④ (1) ウ (2) イ・エ (3) ア
③ (1) オ (2) エ (3) カ (4) イ (5) オ
② ① イ ② ウ ③ エ ④ オ ⑤ ア ⑥ ウ
① （読みがな）

---

⑤ ① 仲間・輪・笑・包
④ ① カ ② ウ ③ イ ④ エ ⑤ オ ⑥ ア
③ ① ウ ② エ ③ ア ④ イ
② (1) 例個人 (5) 例示 (6) 例得
① ① 説得 ② 比 ③ 政治 ④ 興味

②②週末・初・参加

③③冷・茨・苦労

④④残念・散々[散散]・失敗・努力

考え方

2 (1)質疑応答をしっかり読み、質問とそれに対する回答を明確にしましょう。

---

19. きほんのドリル　37〜38ページ

1 ①まよ　②しょうらい　③ひ

④くんしょう　⑤けん　⑥まじめ

⑦てい　⑧よ　⑨あま　⑩ほとけ

2 ①イ　②ア　③イ

3 ①オ　②エ　③ウ　④イ　⑤カ　⑥ア

4 (1)楠木アヤ

(2)楠木綾

(3)原爆[戦争]

(4)ご遺族の方

(5)例アヤちゃんに、何十年も前からだれも心当たりがないということ。

考え方

4 (1)(2)ポスターに書かれていたのは「楠木アヤ」という名前で、「わたし」の本名は「楠木綾」です。

(3)直後にある、「だがもちろんそうではなくて」の後の部分から読み取れます。

(4)「ご遺族」は、なくなった人の家族のことです。

(5)直前に、「このアヤちゃんには、何十年も前からだれも『心当たり』がないのだろうか」とあります。

---

20. きほんのドリル　39〜40ページ

1 ①焼き・栄養・健康

②合唱・楽器・覚える

2 ①ウ　②エ　③ア　④イ

---

3 ウ

4 (1)例景色が明るくて晴れ晴れとしていたから。

(2)原爆ドーム

(3)例目の前の場所で多くの人がなくなったということ。

(4)イ

(5)陳列〜かげ

考え方

4 (1)(3)同りの「明るくて晴れ晴れとした景色」から、かつてその原爆ドームのある場所で起こったことが事実とは思えないということです。

(4)直後に「何もかも信じられないことばかりだった」とあります。

(5)「陳列ケースにならべられた」から「人の形のかげ」までが、「同じかげをつくる」ものの正体です。

---

21. まとめのドリル　41〜42ページ

1 ①種・芽・観察

②億・兆・単位

③半径・面積・例題

2 (1)共通語

(2)方言

(3)例年配の人は方言を使っているということ。[子どもは共通語を使っているということ。]

3 (1)例楠木アヤちゃんの遺族が来たと思ったから。

(2)がっかりさ

(3)ア

(4)なみだ

(5)例楠木アヤちゃんの夢や希望を自分が引きつぐことなどと考えてもしなかったから。

まとめのドリル 23。 45~46ページ

考え方 ⑤ 例えば「ない」という言葉に注目してみましょう。「ない」は「ない」という言葉に注目します。「が」も「ない」などに注目します。

1 (1)じゅん (2)ます (3)ただ (4)ゆう
2 ア
3 ウ エ
4 ウ
5 (1)イ (2)ア ③エ ④ウ
   エ・ア
   ウ・イ (順序なし)
6 エ・ア
7 (1)ウ ②イ ③ア
   キ・カ・オ・ク・イ
   シ・コ・エ・ア・ス (順序なし)
8 (1)ア ②イ ③ウ

⑤ (1) 集まり、そろえる。
   ② 内容・肉東・自動車・明るい電気

4 (1)ハ
2 (1)ア ②エ ③ア ④イ
3 ア ウ イ
1 (1)採集 ②条件 ③混雑 ④省略
   ⑤可能性 ⑥保

きほんのドリル 22。 43~44ページ

考え方 3 (1)「たが」という言葉は「たしかに」は内容から読み取れます。「がたい」は「ぞ」「ので」「が」などから判断します。足(2)「お兄さん」という言葉から読み取れます。(3)「しだい」は「しだい」は「しだい」の「しだい」は「しだい」の「しだい」は内容から読み取れます。(4)「たが」「しだい」などの言葉が実際に使った様子を取れます。(5)希望や夢や理想などは「ナイ」「ない」という言葉が分かります。

きほんのドリル 24。 47~48ページ

考え方 4 (1)が一行目から二行目にかけて書かれています。この後に「〜」があります。

③ ア・ウ・イ・ミ・イ (順序なし)

きほんのドリル 25。 49~50ページ

考え方 3 (1)直後に「〜ます」があるので、「ワ」が直前にあるものは「ン」です。サギソウの研究の他の種とを比べての役立っている「コ」国有」とは、(5)とがいうことが

1 (1)じゅん ②に ③けい ④に ⑤す
2 (1)ア ②イ ③ウ
3 (1)ア ②イ ③エ

3 (1)耳は約五せん
   (2)耳のおよそ三百万年以上前にしか残らない図特定の国や地域に (3)図物
   (4)耳の長さまで三百万年以上前から生きていたかどうかは (5)進化のようすがよくわかるから
   ②鳴・
   しょうほ乳類

3 (1)ア ②イ ③せつ
2 (1)ア ②イ ③ウ
4 (1)にい ②三千万以上増えている (3)ウ 図一億一千万以上増えている家庭部

1 (1)じゅん ②に ③け
   い ④した ⑤ふ ⑥ぶ
   ⑦しん ⑧ぞう ⑨しょ
   う ⑩せん

90

(2)・例 日本列島は気候的なちがいが大きいから。
　・例 日本列島は地形的に変化に富んでいるから。(順序なし)
(3)豊かで多様
(4)ウ

考え方

3 (3)「〜と考えます。」「〜始めましょう。」という文末の表現から、考えを述べた文だと分かります。

4 (2)直後にある「それは」の後から、「気候的」な理由と「地形的」な理由とが述べられています。
(3)最後の一文で「その場所」を「この豊かな環境」と言っています。これと同じような意味の言葉をさがします。

26 きほんのドリル 51〜52ページ

1 ①もうしゅ ②きこうぶん ③ぶんがくい ④さんみゃく ⑤そしき ⑥けんちく ⑦しゅうどう ⑧ぞくく ⑨ちょきん ⑩しんがた ⑪けつえき ⑫きほん ⑬がく ⑭じこ

2 ①●…給 ◀…曜 ■…代
②●…球 ■…大 ◀…陽 ③◀…養
④■…体 ◀…用 ●…九
⑤●…急 ◀…要 ⑥■…隊
⑦●…級 ■…待

3 ①ウ ②オ ③イ ④ア ⑤エ

4 ①他人に対してしてはならない
②朝になったのも気づかなかった

5 ①愛知・兵庫 ②大阪府・福岡

考え方

4 ②「春眠」は「春のねむりは気持ちよくて」の部分に当たります。漢詩は短い表現の中に多くの意味がこめられ

ています。

27 まとめのドリル 53〜54ページ

1 ①ア●…校 ◀…間 ■…服
イ■…副 ●…康 ◀…関
ウ●…港 ◀…完
エ●…幸 ■…福
②ア●…長 ◀…小 ■…説
イ★…参 ◀…照
ウ●…朝 ★…散
エ●…調 ■…節
オ◀…勝 ★…算

2 ①群馬・栃木 ②岐阜・山梨
③鹿児島・愛媛

3 (1)例 人間によって森林がばっさいされたり、外来種が侵入したりしたから。
(2)ニホンオオカミ・ニホンカワウソ(順序なし)
(3)天然記念物・絶滅危惧種
(4)ア

考え方

3 (1)「人間の活動」が原因で起こったことを書きましょう。
(2)「ニホンリス」はまだ絶滅したわけではありません。

28 きほんのドリル 55〜56ページ

1 ①ぶうぶ ②すく ③はか ④ころ ⑤まず ⑥しゅつぱんしゃ ⑦の ⑧かり

2 ①エ ②イ ③ア ④ウ

3 ウ

4 (1)正義の戦争
(2)例 この世に正義などなく、みんな自分勝手に生きているだけであること。
(3)おにぎり・えがお
(4)イ

(5) 例戦争で苦しんでいる人たちやうえている人たちを助ける行動。

考え方

4 (1)直後のたかしの言葉に「戦争は結局、殺し合いだ」「正義の戦争なんていうものは、ないんだ」とあります。

(4)直後でたかしが「本当の正義とは、おなかがすいている人に食べ物を分けてあげることだ。」と言っています。

29. まとめのドリル　57~58ページ

1 ①救 ②墓 ③殺 ④貧 ⑤出版
⑥述

2 (1)安心
(2)①ウ ②オ
(3)エ→ア

3 (1)例顔がぬれただけで力をなくし、かといって武器も持っていない点。
(2)例顔を食べさせるなんて、ざんこくだから。
(3)傷つくこと
(4)例どうしてもだれかを助けたいと思うこと。
(5)ヒーロー

考え方

3 (1)「こまった人や傷ついた人がいると、まっ先にかけつける」ばいきんのヒーローもすることなので、入りません。「自分の顔を食べさせることで元気をあたえる」という内容でも正解です。

(3)たかしは「正義を行い……かくごしなければならない。」という信念をもっていました。

30. 冬休みのホームテスト　59~60ページ

1 ①くら ②せいじ ③しめ
④しゅちょう ⑤せや ⑥まよ
⑦ひと ⑧けん ⑨てい
⑩あま ⑪ほとけ ⑫か ⑬たも
⑭つま ⑮きんし ⑯しょうじき
⑰かてい ⑱しんりん ⑲げんしょう
⑳しょうにん ㉑とうけい ㉒さんそ
㉓きょうじゅ ㉔はかせ
㉕さんみゃく

2 ①説得 ②興味 ③効果 ④条件
⑤評価 ⑥混雑 ⑦省略 ⑧豊富
⑨分布 ⑩増加 ⑪責任 ⑫設定
⑬規則 ⑭血液 ⑮基本

3 ①ア ②イ ③イ ④イ ⑤ア

4 止める・停止・ストップ／明かり・照明・ライト／飲み物・飲料・ドリンク
（順序なし）

5 ①ア●…自 ◀…再
イ◀…最 ■…夜
ウ●…地 ■…野
②ア●…親 ◀…機
イ●…身 ■…成 ◀…記
ウ■…世 ◀…紀

考え方

3 相手や場面に応じて、方言と共通語を使い分ける必要があります。

31. きほんのドリル　61~62ページ

1 ①イ ②ウ ③ア

2 ①しいく ②わけ ③こま
④えいきゅう ⑤しょうどく
⑥やおや ⑦くだもの ⑧まいご
⑨むしめがね ⑩ぼうはん

3 ①牧場・付近・浅い
②百貨店・右折・競技場
③交差点・木村・倉庫

4 (1)例体の長さ。
(2)するめ
(3)うみは／あちらですか

(4)ゆう 陽

(5)ア

(6)(一ばん小さな)海

考え方

❷ ⑥〜⑨は特別な読み方をする言葉です。漢字一文字のときにはない読み方なのでしっかり覚えましょう。

❹ (5)自然の風景をよんだ詩を叙景詩、伝説を物語風にえがいた詩を叙事詩といいます。

---

32 まとめのドリル 63〜64ページ

❶ ①飼育 ②綿毛 ③永久 ④消毒 ⑤営業 ⑥防犯 ⑦講師 ⑧精力

❷ ①エ ②ウ ③イ ④ア ⑤イ ⑥エ ⑦イ ⑧ア ⑨ウ

❸ ①野菜畑・民家
②博物館・低い・建物
③改札・徒歩・目的地

❹ (1)蟻・蝶(順序なし)
(2)イ
(3)蟻・蝶の羽
(4)あと・砂

考え方

❹ (2)「ああ」は、蟻が蝶の羽をひいて行く様子が「ヨット」のようだということの気づきや、そこから生まれた感動の気持ちを表しています。

---

33 きほんのドリル 65〜66ページ

❶ ①しゅうかん ②しゅう ③ふりえき ④さから

❷ ①ウ ②ウ ③イ ④ア

❸ イ・ウ

❹ (1)ウ
(2)①順位 ②タイム
(3)例 同じ出来事でも、何を大事と思う

からによって発信する内容がちがってくること。

(4)例 大事だと思う側面を切り取って情報を伝えている。

考え方

❹ (1)「しかし・けれども」は、逆接の働きをもつつなぎ言葉です。「それで」は順接、「ところで」は転換の働きをもっています。

(4)メディアは、何を大事に思うかによって伝える内容が変わってくるのです。

---

34 きほんのドリル 67〜68ページ

❶ ①うおいちば ②えだ
③しょうひぜい ④えいせい
⑤のうこうち ⑥そんがいほけん
⑦ゆちゃくせん ⑧こな
⑨くっきん ⑩ゆにゅう
⑪しょうねんだん ⑫じむ

❷ ①イ ②ウ ③エ ④ア

❸ ①窓+ガラス ②紙+風船
③カー+ステレオ ④回転+ドア
⑤走る+回る ⑥食べる+始める
⑦細い+長い ⑧暑い+苦しい

❹ (1)例 表現に印象が混じっていないから。
(2)その仕事は、相手側の都合で、急にキャンセルせざるをえなかったのかもしれない。
(3)・例 メディアが伝えたことについて、冷静に見直すこと。
・例 メディアが伝えていないことについても、想像力を働かせること。
(順序なし)
(4)他の人がかんとくになる可能性

36。 きほんのドリル 71〜72ページ

4
(1)例「子どもで、未来に……科で、……農業に……」

3 ③ア ②イ ①イ

2 ④イ ③ア ②イ ①ア

1 ④イ ③ウ ②ア ①ウ

（右列・38。 きほんのドリル 75〜76ページ）

1 ①か ②も ③び ④よ

考え方

4
(4)筆者の言葉は……最後の段落に注目しよう。下の言葉に……

3
(3)ウ 想像力の……
(2)例 大きな……仕事を……情報を……少ないほうが早く伝わる。
(1)例 A……

考え方

4
⑤おぎな ③ゆる ①ない
⑥[　]へ ④[　]へ ②かわ

2
⑦イ ⑧ア ⑨ウ ⑩エ ⑪イ ⑫カ

1
①習慣 ②周囲 ③災害 ④消費税 ⑤農耕 ⑥損害 ⑦粉 ⑧平均 ⑨少年団

37。 まとめのドリル 73〜74ページ

4
(3)例 意見や考えを……「食品分類する……の問題が発生したりする……メニューを……という人……

考え方

3
(2)例 学び・体験する……
(3)例 食品ロスを五〇%……家庭
(4)イ 実感が大切だということの理解……

35。 きほんのドリル 69〜70ページ

4
(1)複合語

考え方

(3)例 ……第一段落……「……だから……」という言葉がある……上の言葉に注目しよう。……読み取る段落……直前の場合になると……

3
(1)イ (2)ウ (3)ア

2
(1)ア (2)ウ

1 ①オ ②イ ③エ ④イ ⑤ア ⑥ウ

4
(1)例「ため」
(2)例「つもり」
(3)例「ので」

3
(1)イ (2)ア ③ウ

2 (4)・(5)は順不同

考え方

4
(1)例「たのむ」……命令している「持ってこい」……〈参考〉「……ている……」
(2)①ア ②ア……低学年の人に向け……

1
(2)ける
(3)例
(4)音読
(5)足
（けが……けるか……手当て）

4
(5)なたね……「た」……ふつうの人に……
(4)例 話し方は、「ア」のように……「だ」はへりくだった言い方……受け取る……
(5)例……目上の人に対して敬意を表している……「……」の関係がよく分かります。

⑤しじゅう ⑥じゅうじゅう

❷ ①イ ②ウ ③ア

❸ ①イ ②エ ③カ ④オ ⑤ア ⑥ウ

❹ (1)例左右のはねに一か所ずつ、真っ白な交じり毛をもっていたから。

(2)頭領・リーダーなど

(3)イ

(4)例残雪が来るようになってから、一羽のガンも手に入れることができなくなったから。

(5)イ

(6)例(いつも)ガンがえをあさる辺りにくいを打ちこんで、タニシを付けたウナギつりばりを、たたみ糸で結び付けておく方法。

考え方

❸ カの「今さらのように」は、「前から分かったもりでいたけれど、改めて。」という意味です。

❹ (1)真っ白な交じり毛が、とけずに残っている雪のように見えたのです。

(2)(4)大造じいさんが、初めのころ残雪をどう思っていたかをつかんでおきましょう。

(5)前の段落からとらえましょう。

39. きほんのドリル 77~78ページ

❶ ①ウ ②イ ③ウ ④ア

❷ ①イ ②ア ③ウ ④エ

❸ 自然・絶景・泣く

❹ (1)残雪・例様子を見たい

(2)残雪の目に

(3)さすが・たるもの(順序なし)

(4)ア

考え方

❹ (1)ハヤブサに向かっていった残雪を見て、何をするつもりなのか知りたいと

思ったのです。

(3)「たるもの」とは「油断できない相当な者」という意味です。

40. まとめのドリル 79~80ページ

❶ ①快 ②燃 ③率 ④指導

❷ (1)大造じいさん[人間]

(2)例(てきが近づいたのを感じると)残りの力をふりしぼって、ぐいと長い首を持ち上げ、じいさんを正面からにらみつけた行動。

(3)ア

❸ (1)ア

(2)えらぶつ

(3)らんまん

(4)イ

(5)晴れ晴れとした顔つき

考え方

❷ (1)この場面ではすでに去っていますが、「第一のてき」とはハヤブサです。

❸ (4)残雪に向かってよびかける大造じいさんの言葉から考えましょう。「また堂々と戦おうじゃあないか。」と言っています。

41. 学年末のホームテスト 81~82ページ

☆ ①きよか ②こうず ③じゅんび

④ほついく ⑤く ⑥ひょうてき

⑦こうせき ⑧むちゅう

⑨きょうかせん ⑩しゅちょう

⑪まよ ⑫つま ⑬さいしゅう

⑭かてい ⑮しょうにん ⑯せきにん

⑰にんかたんそ ⑱けわえき

⑲ぶっか ⑳こじ ㉑の ㉒か

㉓しゅうかん ㉔も ㉕ひき

☆ ①想像 ②喜 ③複数 ④確

⑤留学生 ⑥表現 ⑦調査 ⑧暴風

⭐6

⑥「から」、③「高び」、「とぶ」という言葉はあります。
もう一つの言葉は「とび」という言葉は、音楽に直しません。
が「高」を演じるという人の話をすることで、「公演」は、ある

⭐5 考え方

①「講演」は、多くの人の前で、ある題目に演じることです。
③「高び起き」「飛び」⑥「高とび」拾い

⭐6
① ア講演 ② イ公演 ③ ア
④ ア器官 ⑤ イ期間
② ア ④ ア ⑤ ア ⑥ ア
① イ現象 ② ア感性
③ イ ④ イ
⑤ 苦しい ② ア ④ ア
当ては める
⑥ 帰り道

⭐5
① ア ② イ ③ イ
④ エ ⑤ ウ ⑥ エ
⑦ エ ⑧ ア ⑨ ア ⑩ エ ⑪ ウ

⭐4
① イ減少 イ完成

⭐3
① ア ② ア ③ ウ
④ エ ⑤ エ ⑥ エ
⑦ ウ ⑧ ア ⑨ 志
⑩ 弁当箱 ⑪ 余 ⑫ 賀 ⑬ 再
⑭ 輸入 ⑮ 頭領